中国因他们而改变

王之江传

陈崇斌 ◎ 著

中国科学技术出版社
·北 京·

图书在版编目（CIP）数据

王之江传 / 陈崇斌著 . -- 北京：中国科学技术出版社，2025.4. --（中国因他们而改变）. -- ISBN 978-7-5236-1372-6

Ⅰ . K826.11

中国国家版本馆 CIP 数据核字第 2025M2F722 号

总 策 划	秦德继　宁方刚
策划编辑	周少敏　徐世新
责任编辑	何红哲
装帧设计	中文天地
责任校对	张晓莉
责任印制	徐　飞

出　　版	中国科学技术出版社
发　　行	中国科学技术出版社有限公司
地　　址	北京市海淀区中关村南大街 16 号
邮　　编	100081
发行电话	010-62173865
传　　真	010-62173081
网　　址	http://www.cspbooks.com.cn

开　　本	787mm×1092mm　1/32
字　　数	143 千字
印　　张	8.5
版　　次	2025 年 4 月第 1 版
印　　次	2025 年 4 月第 1 次印刷
印　　刷	河北鑫兆源印刷有限公司
书　　号	ISBN 978-7-5236-1372-6 / K·479
定　　价	58.00 元

（凡购买本社图书，如有缺页、倒页、脱页者，本社销售中心负责调换）

王之江传

1957年王之江与家人合影照

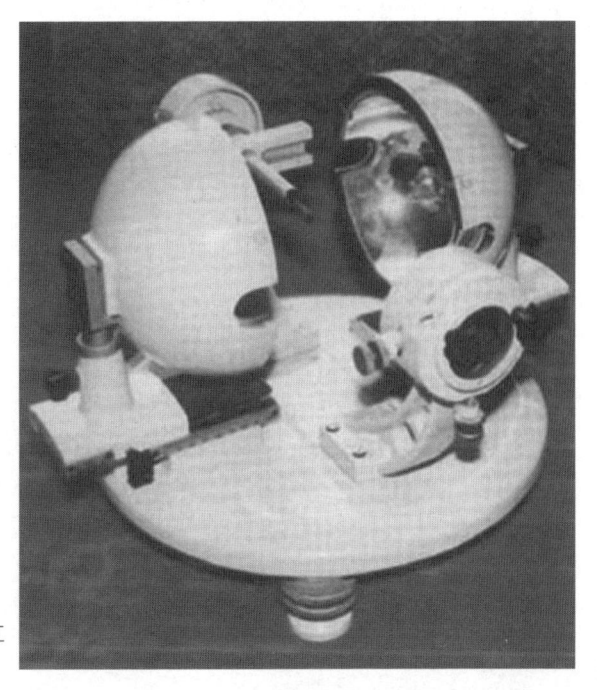

中国第一台红宝石激光器

News

Epitherm, which Quantronix calls a cold-processing system. Functions performed include annealing, laser-assisted diffusion of impurities, recrystallization and gettering.

Quantronix has delivered two "research versions" to the IBM Corp., according to William Kern, marketing manager. A third has been ordered by Texas Instruments Inc. for a Dallas facility.

China's diverse laser establishment described by dignitary from Shanghai

The following interview was conducted in Washington with Wang Zhijiang, vice director of the Shanghai Institute of Optics and Fine Mechanics and leader of a Chinese group attending Clea, the Conference on Laser Engineering and Applications. Prof. Wang spoke in Chinese.

LASER FOCUS: Is this your first visit to the United States?
PROF. WANG: Yes.

LF: Where will you go after Washington?
WANG: We'll travel to Boston, Rochester, Detroit and California. We also will go to Bell Laboratories in Holmdel.

LF: What's your strongest impression of this conference?
WANG: It's a good opportunity to see equipment which we had previously known about only through descriptions in magazines. We are also pleased to meet the technical people here.

WANG: 'With lasers we can cure certain skin diseases and stimulate circulation much like acupuncture.'

LF: Does anything at the conference surprise you?
WANG: Yes, the format. The people are active and they exchange information in an informal manner.

LF: Are any members of your group able to follow the talks in English?
WANG: Only a few can. This is mainly because there was a period in China when we had little contact with the outside world.

LF: Is there a laser journal in China?
WANG: Yes, it's called *Laser* and it reports technology and trade. It will probably have a report on what is seen and heard here.

LF: Many American specialists have visited China. Who decides about invitations?

Laser Focus 编辑对王之江的访谈摘录

"150-1"大型电影经纬仪

I型扫描投影光刻机

8毫米波段拉曼自由电子激光器

1988年哈尔滨"863-410"会议专家合影（前排右一为王之江）

王之江与王大珩（右）合影（摄于1995年王大珩80岁寿辰）

1984年王之江与妻子顾美玲游玩照

2014年上海光机所历任所长合影（左三为王之江）

王之江与光纤激光课题组成员合影

2008年12月25日王之江全家合影

上海激光技术研究所老同事贺王之江 90 华诞合影照

目录

求学，懵懂少年变超级学霸　016

弃学与转系，志在技术报国　030

服从国家需要，转行光学设计　048

获评八级助研和吉林省先进工作者　068

开办光学设计培训班，研制"八大件"　076

问诊"60号"、设计"150工程"，突破国防光学"要害技术"　092

研制红宝石激光器，开创中国激光科学事业　106

策划"死光"武器研究，筹建上海光机所　128

超前提出激光武器亮度判据、力主终止"640-3"工程　138

风雨之后见彩虹，达成入党夙愿　166

主持中国加入国际光学学会，名扬国际学界　180

倡导强激光研究，指导"863-410"主题探索 190

光刻机研究打破美国技术"禁运" 200

领导研制出中国第一台自由电子激光器 210

攻关激光分离铀同位素"七五"重点课题 220

坚持基础研究，反对研究所产业化 232

依法治所，无为而治 242

老骥伏枥，开拓半导体泵浦光纤激光器研究 252

教导子女有方，乐享天伦之乐 260

求学，懵懂少年变超级学霸

1930年10月15日，王之江出生在浙江省杭州市，出生后不久随父母回户籍地江苏省常州市生活。在常州，王之江度过了他的童年和少年时代。

王之江的先辈是来自安徽的徽商，依靠几代人的辛苦打拼和积累，其曾祖父在常州置办了一处房产，并开了一家南货店维持生计。王之江的祖父是清末的秀才，因不懂商业经营，没能将其曾祖父留下的南货店经营下去，据说是被雇用的伙计做假账骗了，只好做了私塾先生，以教书为生。由于被骗，其祖父认为读书无用，加上生活十分困窘，所以很早就让王之江的父亲王翼初及其几个兄弟出去做了学徒。王之江的父亲最早是在一家绸布店当学徒，后来当了绸布店的经纪人。王之江的母亲毛碧芳出生在常州当地一个十分有名的大家族，其家族成员多从事商业活动，在常州很有名望。毛碧芳擅长刺绣，曾在20世纪30年代末40年代初生活十分艰难的那段时间以刺绣维持全家生计。

王之江的父母于1918年结婚。婚后，由于供职的绸布店倒闭，王之江的父亲就开办了一家煤球厂以维持生计。彼时，王之江的舅舅刚好从日本留学回国。王之江的舅舅主要从事生物化学研究，在日本留学时看到日本人已经广泛使用酱油作为调味品，在国内却还比较罕见，回国后就想在常州开办一家酱油制造厂。于是，王之江的父亲从亲戚朋友那里筹借了一笔资金，让他的舅舅做技术指导，开办了常州历史上的第一家酱油厂。然而，当时的常州人对酱油这个新鲜事物并不认可，酱油厂很快就倒闭了，他们家因此背上了大量外债，直到抗日战争后期才得以还清。

因为欠下了大量外债，经常有债主来他们家来讨债，不得已，王之江的父母只好远走他乡。1930年，王之江的父母带着不满一岁的大女儿王蝶沁到了杭州，开了一家推销面粉的小店以维持生计。当年10月，王之江在杭州出生。不久，因面粉生意不景气，王之江全家搬回常州居住。回到常州后，王之江的父亲开始做布匹生意，将恒源畅染织厂生产的布匹运到苏北去卖。1937年抗日战争全面爆发，苏北很快沦陷，推销布匹的生意亦无法维持，无奈之下，王之江的父亲就到恒源畅染织厂做了一名普通职员。

恒源畅染织厂的前身是20世纪30年代初在常州建立的三和布厂，因经营不善，1933年被王之江母亲的堂叔、润源色布店老板毛锡章收购，改名为恒源染织厂。1936年，恒源染织厂更名为恒源畅染织股份有限公司，爱国将领冯玉祥曾亲笔题写厂名。1949年以后，恒源畅染织股份有限公司转变为公私合营的恒源畅染织厂，1966年转变为完全国营的常州第五棉织厂，1980年再度更名为常州第五毛纺织厂。2010年，常州市围绕"运河文化、工业遗存、创意产业"三大主题将恒源畅染织厂旧址改建为"运河五号"创意街区。2019年，恒源畅染织厂旧址入选第三批国家工业遗产名录。

1937年年底，王之江的父亲进入恒源畅染织厂工作，因不懂技术，他最初就是一名普通职员，后来凭借自己的努力与敬业精神，逐步升任工场长、厂长等职位。提及自己父亲在恒源畅染织厂的工作经历，王之江说："我父亲进去就当个小职员，因为他没有技术，也没有资本，只不过有亲戚，去做了个职员。我父亲是属于那种工作非常努力的一种人，在我的记忆中，他基本上白天都不在家，都到工厂去工作。所以，从小职员开始，慢慢变成厂长。"

父亲的辛苦、努力和敬业精神对王之江的职业生涯产生了很大的影响。在回顾自己的童年至少年时期的成长经历时，王之江曾这样说："这个家庭对我的最大影响，我觉得要有敬业精神，要做一件事，那就好好做。"这种影响在王之江从事光学设计工作的过程中得到了充分体现。王之江大学毕业后开始做的第一份工作是光学设计,他觉得这份工作"很不符合自己的愿望",虽然不喜欢,但仍通过自己的努力建立起了中国特色的光学设计理论体系,完成了大量国家急需的光学设计任务,其中包括中程导弹试验飞行轨迹观测所急需的大型光学电影经纬仪的光学系统设计工作,为中国光学事业的建立与发展作出了卓越贡献。

因为整日忙于生计,父母无暇顾及子女的学习情况,所以王之江在小学和初中学习阶段并没有静下心来读书,导致学习成绩也不突出,甚至有补考的现象。

王之江小学阶段就读的学校是私立恺乐小学。私立恺乐小学离王之江的家很近,是一所教会学校,早期是美国籍牧师霍约翰于1912年创办的东吴十二小。1927年,该校由教会恺乐堂接办,更名为私立恺乐小学;1952年12月,常州市政府接办后更名为县学街小学;1958年秋与解放西路小学合并,更名为解放西路小学。恺乐小学虽然是教会学校,但学校除每周有一次讲圣经故事外,其课程设置、学习内容与普通学校基本相同。尽管如此,王之江仍对这所教会学校没有好感。

1935年夏,王之江进入私立恺乐小学读书,学习期间因抗日战争爆发,他的学业和身体健康都受到了一定的影响。1937年7月7日,抗日战争全面爆发,10月,日军飞机开始低飞投弹轰炸常州市街区，"昔日热闹之街市，今则已成一片焦土矣"，王之江家附近的天宁寺亦遭轰炸。与此同时，城内居民大量外迁避难，"稍有财力者则迁入他省，无力出省者在荒僻之乡区逗留。"在这样的背景下，王之江一家被迫到乡下亲戚家避难，王之江平静的学习生活被打破，学业也因此中断了1年，1938年秋才重新回到恺乐小学读书。在乡下避难期间，王之江不幸染上了肝病，治疗了很长时间才病愈。这次生病对王之江的健康产生了较为严重的影响，这之后王之江经常生病。对此，王之江的妻子顾美玲认为很大程度上是这次染病所致，谈及此事，她说："在抗日战争的时候，他到乡下的亲戚家逃难，结果染上了肝病，吃了很长时间的中药，所以他的身体不是太好。他冬天怕冷，一直都这样，就是因为这个。"

1942年，王之江考入江苏省立常州中学初中部。此时，日本政府对其攻陷的中国领土实行殖民政策，采取"以华制华"的方式，扶植汪精卫在南京成立伪政权进行殖民统治。在殖民政策影响下，日军占领区的学校实行奴化教育，如江苏省教育厅1939年8月公布的《中学暂行规程》就规定，日语为中学13门必修课程之一，并规定从初中二年级下学期起只开设日语一门外语课程；历史、地理课程主要教授东亚史、东亚地理方面的内容。王之江 1942 年进入江苏省立常州中学读初中时，正是汪伪政权统治时期，学校开展的是奴化教育。但是，日军进犯常州时的疯狂烧杀抢掠行为已经在王之江的心中埋下了仇恨的种子。王之江在自传中写道："1937 年秋，日寇有侵常州之势，一家逃难到乡下亲戚家，听到日寇杀人放火的暴行，对日寇产生了害怕和仇恨。"因此，在初中学习阶段，王之江的内心非常抵制学校当时的奴化教育，导致学习成绩并不突出。在回忆时，他这样说："我读初中的时候属于日本人统治时期，读的外语是日语，我不愿意读，考试就不及格。"

因此，在小学和初中阶段，王之江的学习成绩并不突出，谈及原因，王之江这样总结道："我小学到初中时期，因为年龄还小、不懂事，学习都是马虎的，正式想认真读书，是到高中时期。我父母对我读书，其实是完全不管的。他们本身也没读过书，要管也不好管，我们兄弟姐妹读书，都是自己自觉。我说父母不管我的学习，从他们对我考试成绩的态度可以看出。我日语考试不及格，他们并没有因此觉得不得了，无所谓，最后补考及格就算完事啦。"

1945 年秋，王之江初中毕业后进入江苏省立常州中学高中部学习。当时抗日战争刚刚胜利，社会十分混乱，王之江觉得："假使不读好书的话，将来蛮危险的，所以就认认真真读书。"因此，在高中阶段，王之江通过自己的努力，很快成为班里的学霸。据王之江高中同班同学李新庚、印永嘉回忆，当时他们与王之江三人在学校里都比较顽皮，但学习都很努力，班里每学期的前三名基本上是被他们三人承包。他们还特别提到，王之江的数学特别好，"有一次一个同学出了道难题，正当全班同学都在冥思苦想的时候，他却率先找到了答案。"对于李新庚、印永嘉的说法，王之江这样回应："李新庚他们说，我们是前三名，我的记忆是没有那么好，我不觉得我读得那么好。常州中学还保留着我高中读书的档案，几年前他们把档案找出来给我看，感觉自己的成绩还可以，但是我真的不知道是前三名，从这个档案上看不出来。"常州中学学籍档案显示，王之江的数学、物理、化学、生物等课程成绩都在 90 分以上，前三名的说法还是有依据的。

谈及自己在高中阶段学习进步的原因，王之江直言，是他遇到了一批教学水平高超的名师。王之江高中就读的江苏省立常州中学是国内非常有名的高级中学，曾培养出以吕思勉、钱穆、刘半农、刘天华、吕叔湘等为代表的众多人文学者，更有以包括王之江在内的20多位院士为代表的大批科技精英，中国共产党早期的领导人瞿秋白、张太雷也毕业于该校，因此该校有着非常深厚的教育底蕴。王之江在该校就读时，恰有一批名师任教。王之江非常推崇这批教师的教学水平，曾直言："当时学校的老师是流动性的，我毕业的这一届，遇到的老师刚好比较高明。我们48年这一届的毕业生，有四个院士（分别是：中国科学院院士王之江，2017年国家最高科学技术奖获得者、中国工程院院士、病毒基因学专家侯云德，中国工程院院士、光学专家薛鸣球，中国社科院学部委员、经济学家周叔莲）。在江苏省立常州中学，有四个院士，只有48届有这么多。"据江苏省立常州中学校史记载，王之江在该校就读时有张式之、史绍熙、冯毓厚、金品、孙纯一、吴樵长、谢瀚东、张一庵、钱叔平、杨孟懂、吴锦庭、潘祖麟、丁浩霖、薛德炯、王仲恂等一批名师任教，1949年以后部分名师被调往其他单位，王之江所言他"遇到的老师刚好比较高明"与此背景有关。事实上，这批名师确实非常"高明"，常州中学在20世纪四五十年代培养出的大批优秀人才皆是受他们的深远影响。与王之江同年毕业的该校校友、中国社会科学院学部委员、经济学家周叔莲在自述中也十分肯定这批名师对其学术成长的深远影响,他曾在回顾中写道:"常州中学是当时全国最好的几所中学之一,老师水平高,同学学习刻苦。我以后的为学为人,相当程度上是常州中学校风熏陶的结果。"

在回忆自己在常州中学的学习经历时,王之江特别提到了对他学术生涯影响很大的金品、冯毓厚两位老师,他说:"我对这些老师一直有很深的印象。比如教几何的金品老师,对我的影响非常大。几何,主要是逻辑推理,就是从一些公理出发,假设这几条是对的,就能推理出一大套结论来,这个过程不是仅靠想象能够做出来的。逻辑推理是非常重要的思想工具,对我的影响非常大。另外,教代数的冯毓厚对我的影响也很大。当时他教课用的教科书,其实是美国的大学教材,叫大代数。代数本身的基本功能是运算,他除了在课堂上讲,还要求学生在课外应用,让学生找一些课外的题目做一做。他提倡我们做一些课外的阅读,要求我们读一下课外的教材,他让我们读的有一本书叫 *Hall and Knight Algebra*,题目非常难。"

王之江在这段话中提到的金品,又名金马丁,常州本地人,1931年毕业于上海大同大学,获数学物理学双学士学位。1945年抗日战争胜利,江苏省立常州中学复校，金品开始到该校任教；1952年全国高校院系大调整，东吴大学的文理学院、苏南文化教育学院、江南大学的数理系合并组建苏南师范学院，同年更名为江苏师范学院，金品被调往江苏师范学院数学系任教。金品在常州中学任教7年，给那段时间的每届学生都留下了极为深刻的印象，特别是与王之江一起上高中的1948届毕业生。

1948届毕业生曾专门撰文纪念金品老师，称赞金品老师的几何课教学。他们印象中的金品老师，身躯瘦小，但音调清晰，讲解深入而细致，令人终生难忘。学生们印象最深的是金品老师徒手做图的"绝技"，他在课堂上随手一点一画，一条笔直的线便跃然黑板上，手臂轻抖，一个标准的圆瞬间成形，画两个等圆相切时，两个圆大小一致、位置精准，堪比圆规的机械精度，深奥的几何课瞬间变成了高级艺术课。金品老师高超的教学技能也是学生们津津乐道的，再难的几何问题，在他的轻松引导下，学生添上几根辅助线，难题马上迎刃而解；为帮助学生解决难题，他通常会把一道难题分解成多个简单的问题逐一解决，然后将这些简单问题合并成那道难题，在已解决简单问题的基础上，学生很容易就能把难题处理了。金品老师的单元复习教学也很有特色,在单元复习时,他会帮助学生对所学知识进行归类,使学生对知识做到系统化、条理化,同时还举一些一题多解的例题,启发同学用不同的方法来解,拓宽学生的解题思路。

1950届校友、北京理工大学退休教授魏宸官也曾专门撰文称赞金品老师的几何课。在魏宸官的记忆里,金品老师讲课不选用传统的几何教材,而是应用他自编的《金品几何学》;上课不带讲稿和教科书,只带几支粉笔和圆规、直尺;教学过程逻辑清晰,节奏合理,气氛轻松,有一次他在课堂上讲"九点共圆",边讲边在黑板上做图,讲完了图也做好了,九个有一定特征的点果然落在同一个圆上;他非常有钻研精神,在业余专门收集并研究几何学方面的难题,曾专门研究过平面几何中的世界难题"用圆规和直尺三等分一个角",经过深入研究,得到了"这是不可能"的结论。金品老师高超的教学艺术、敏捷的思维、独立的治学风格和创新精神,都在学生的记忆中留下了不可磨灭的印象。

王之江提到的冯毓厚老师是江苏南通人,南京中央大学理学士毕业。冯毓厚1937年前就曾在常州中学担任专任数学教员,1945年抗日战争胜利后江苏省立常州中学复校时重回学校任职；1952年被调往江苏师范学院数学系工作，曾担任该校数学系主任。常州中学1948届校友对他的描述是："冯毓厚教的三角、大代数和解析几何，论证逻辑严密，解题奇巧简洁，教学水平堪称一流。"

在1950届校友、北京理工大学退休教授魏宸官的记忆里，冯毓厚教高中代数，讲课不用讲稿，上两小时课全凭记忆，而且逻辑严密，头头是道，对答如流，很少停顿，令同学们十分钦佩。冯毓厚的教学效果也非常显著，魏宸官说他已年逾70岁，记忆不断衰退，但冯毓厚教他的那些代数基本公式和解题的方法步骤仍清晰地留在他的脑海里。

从王之江以及常州中学20世纪40年代末毕业生的回忆看，金品、冯毓厚的教学水平确实非常高超，更难能可贵的是这两位老师都有独立思考的科学精神。在40年代，由于国内教科书良莠不齐，金品自1941年就开始采用自编教材进行几何教学，王之江读书时用的《高中平面几何学》是金品总结多年教学经验于1947年编写而成的。冯毓厚，"与孙纯一老师都能把不同出版社出版课本上的错误一一指出"，这是他教学时采用国外大学代数教材的主要原因之一。两位老师独立思考的精神对王之江的影响极为深远，王之江在为《科学的道路》撰写的一篇回忆文章中写道："我独立学习的能力是在高中时代养成的，我对故乡，对江苏省立常州中学的老师怀有深深的感激之情。"

得益于高中阶段打下的数学基础，王之江大学阶段的高等数学成绩更加优异，他很自豪地说："在大连的时候，我觉得数学水平比那些助教好，考试完，我可以写出标准答案。我不知道我在大连时的考试成绩，也许数学成绩是最好的。"他的大学成绩单上记录的高等数学成绩大一上半年是 99 分，大一下半年是 100 分，印证了王之江所言不虚。

弃学与转系,志在技术报国

1948年秋,王之江从江苏省立常州中学毕业,考入地处无锡的私立江南大学化工系。私立江南大学是无锡籍爱国实业家、教育家荣德生于1947年10月创建。由于学校刚刚建立,既没有齐全的教学设施和规范的教学管理制度,也缺乏高水平的师资,这让王之江非常失望。他在自传中这样描述江南大学的学习情况:"这里既不努力学功课,也没有集体的活动,一天到晚也没有什么。在那里没有好的教授或者为数极少。依我看,也没有应有的仪器设备,连化学必修课有机化学的实验室都没有,更不要谈实验设备了。在那里不是消磨岁月是什么?"因此,考入江南大学不久王之江就决定退学,后在其父亲的劝说下才在该校坚持学习了1年。

1949年8月,大连大学到上海、江苏、浙江等地招生,王之江参加报考并被录取。大连大学是中国共产党东北局为适应中华人民共和国成立后经济和文化建设的需要于1949年4月新建的一所大学,由于地处解放区大城市,吸引了大批进步青年前去报考。王之江报考大连大学也是基于他对解放区的向往。在自传中,王之江这样解释报考大连大学的原因:"来大连大学的目的,则是憧憬着老解放区的一切,同时认为江南大学的组织帮助不大,老解放区的组织一定能给我大的帮助,抱着这种心情来到大连。"

王之江当时向往解放区的心情,在他的大学同学、中国工程院院士姚骏恩那里得到了印证。谈及报考大连大学的原因,姚骏恩说:"当时大家都是本着投奔共产党、参加革命的心情去报考的。因为大连大学是共产党自己创办的大学,大家都是本着这样一种思想到了大连大学。王之江念过一年大学,到大连大学读书的原因,我想也应该是这样的。"

实际上,王之江在高中阶段就有了进步思想,高二时他就开始看进步报刊。进入江南大学后,王之江接触到了更多的进步思想,其中对他产生影响最大的是小学到高中的同窗好友李新庚。李新庚高中毕业后考取了上海交通大学,很快就加入了中国共产党在上海交通大学的地下党组织。李新庚在1948年寒假与王之江见面时带来了《新民主主义论》《交大生活》《黎明之前》等宣传革命思想的印刷品,让王之江了解到了中国共产党和解放区,开始憧憬解放区的生活。

1949年4月26日,无锡解放,大量革命理论书籍涌入江南大学,王之江每天都在如饥似渴地阅读进步书籍。王之江的进步倾向很快被江南大学的地下党组织发现,并于5月22日吸收他加入了中国新民主主义青年团（中国新民主主义青年团于1949年4月成立，1957年改名中国共产主义青年团）。1949年暑假，王之江被江南大学青年团组织派到苏南干部训练班学习。因不愿继续在江南大学学习，王之江在训练班结束后先后参加了大连大学、上海交通大学的招生考试，并被两校录取。王之江最后选择到大连大学读书，除了前文提到他憧憬解放区生活的原因，也有生活上的考虑。当时大连大学"给学生免学费，提供食宿，穿的棉衣什么的也全部提供，解决了当时贫困学生上大学的经济困难"。王之江家里姐弟6人，家庭经济困难，到大连大学读书无疑是适当的选择。谈及当时的选择，王之江说："当时大连大学到上海来招生，我怎么会到大连大学去呢？是它的条件优越，不收学费，提供食宿，还发衣服。当时我们考取大连大学的同班同学中，好多是在别的大学读过一年再去的，有在上海交通大学读了一年又考到这个地方去的，主要就是因为当时一般家庭经济上都有困难。我当时去大连的原因，其实就是我家经济上有困难。因为当时李新庚在上海交通大学读书，所以我也想到上海交通大学去，我还报考了上海交通大学的插班生，当时也考上了，可以去上海交通大学直接读大二，但是他们发的录取通知比大连大学晚，接到通知时我已经到大连大学报到了，所以也就不考虑去上海交通大学了。"

1949年9月，王之江到大连大学报到。彼时，大连大学刚刚建立，包括工学院、医学院、俄语专修科以及化学、卫生两个科学研究所等几个单位。其中，工学院的前身是中国人民解放军第四野战军于1949年为前线培养电信人才创办的关东工专和关东电气工程专门学校，该院于1950年7月独立建制为大连工学院，1988年3月更名为大连理工大学。工学院建立之初设立化工、机械、造船、电讯、电机、土木、冶金7个系，王之江最初被分配到冶金系学习。

由于大连大学是中国共产党创立的第一所正规大学，招收的第一届学生中有少数是政治素质过硬的团级军政干部和青年进步党员，绝大多数学生是来自刚刚解放的上海、江苏、浙江等地。这批学生虽然思想进步、向往革命，但高中阶段接受的是国民党政府统治下的学校教育，思想状况复杂。所以，学校就对他们加强思想政治教育，组织他们集中学习马列主义、毛泽东思想的基本知识，帮助他们树立革命的人生观和正确的学习目的。因此，入学之初，与所有新生一样，王之江首先参加了3个月的政治学习。

谈及这段政治学习，王之江的大学同学吴世法认为十分必要，他说："入学之后，马上就是3个月的思想改造。因为这些学生都是从刚解放的上海、南京等南方招来的，东北地区的几乎没有。为什么没有东北的？因为日本人占领东北后实施奴化教育，不让念高中，所以就没有高中生。从南方招来的这些学生，在高中接受的是国民党的思想政治教育，虽然考入大连大学的这些学生思想是进步的，但还有一些国民党宣传的影子，所以需要思想改造。通过学习马列的辩证唯物主义、历史唯物主义、人类社会发展学等内容，大家都理解了社会发展史的规律，知道了将来社会向哪个方向发展等。学了之后才发现，这个学习确确实实很有必要。我就是从3个月的思想改造中接受了这些，然后下了决心，人生观就是要为人民服务，世界观就应该承认科学社会主义，大家都接受了这些。其实，我觉得当时不应该叫作思想改造，应该叫学习科学社会主义、马列主义，这么叫才好。"

这3个月的政治学习对王之江产生的影响同样是巨大的。在这段时间他阅读了大量马列主义著作，通过学习，王之江的思想发生了很大变化。在高中阶段，王之江并不关心政治，他把自己的主要精力放在学习科学知识上。在大连大学学员履历登记表中，王之江这样记录了他那时的政治思想状态："在1949年以前我有着顽固的思想，对政治毫无兴趣，虽说那时学生运动是正确的，但在只求技术学习成就的思想下，总觉得不应荒废学习，觉得政治和技术应分离，党团应退出学校。"同窗好友李新庚对王之江的印象也是如此，认为他那时"读书用功，不问政治，自信心很强，很清高，对当时现状也有所不满，但只是埋头读书。"

经过3个月的学习，王之江的政治态度发生了极大转变，开始关心政治并对其产生了浓厚兴趣，他在政治学习结束的"自我鉴定"中写道："我对政治相当关心，报纸上的消息评论，我经常注意。对于政治学习、书籍阅读也很热心，我迫切地希望我能知道世界的局势，为什么今天是这样，以后又将如何……我对政治学习本来就有着和技术相似的兴趣，而在听了第一次关于说明的报告更明确了它的重要性（我本来的兴趣是教条式的、求知欲式的），那时才明白了它和以后工作的重要关系。在技术人才缺乏的今天，有政治认识的技术人才是何等的重要啊。"1952年5月，王之江在自传中特别指出了这段政治学习对他世界观的影响："1949年10月，开始在二部学习明确了一些观点，对革命的性质和共产主义必胜的道理有了较明确的认识。……我在思想上是下定了决心要全心全意为人民服务、站在无产阶级的立场上来。"

王之江有一个非常明显的治学特点,就是他有非常强的独立思考精神。他的大学同学姚骏恩曾这样评价他:"在我们班上,王之江很有独立思考精神,不是人家说什么他就说什么,这一点他比我强,所以学习成绩也是挺好的。"正是这种独立思考精神,使王之江在阅读一些经典著作时不会轻易接受其中的某些观点,而是阅读相关著作进行对比分析。比如,在阅读列宁所著的《唯物主义和经验批判主义》时,当他看到列宁批判马赫主义、批判彭加勒,他不是一下子就接受列宁的观点,而是要自己亲自去了解一下马赫主义的哲学观点和彭加勒哲学思想的具体内涵,于是他就去读马赫的《纯粹经验批判》、彭加勒的《科学的价值》,并由此拓展到去读法拉第的《电学实验研究》、爱因斯坦的《物理学的进化》以及爱因斯坦与玻尔关于量子力学完备性争论的论著,等等。通过这种方式,王之江大大拓展了阅读的范围,从马克思主义哲学到德国古典哲学,再到爱因斯坦等科学家的经典著作,以至于《道德经》等中国古代经典著作都有涉猎。

值得指出的是，王之江阅读这些著作，并非仅仅想了解这些著作的哲学观点，还希望从中学习到那些成功的科学家的思想方法和工作方法。学习马列主义著作，也是希望能从中学到一些先进的思想和工作方法，他在回忆这段往事时说："我那个时候花了很多时间读马列主义经典著作，其实是想真正研究马列主义，也希望从这里面得到一些有用的思想方法论的知识。"

1950年，在就读于大连工学院1年后，受王大珩的影响，王之江转到了新成立的应用物理系学习。大连工学院1949年开始招生之时，除设有化工、机械、造船、电讯、电机、土木、冶金7个系外，还设有数学、物理2个系，主要承担全校本科生的高等数学、大学物理等公共课教学。时任物理系主任王大珩从自己的学术与科研经历出发，认为"物理是一切工业技术发展的基石"，建议增设应用物理系，"冠以'应用'二字，对新中国的工业建设更有现实意义"。王大珩增设应用物理系的建议得到了当时工学院院长屈伯川的首肯，大连工学院于1950年春决定增设应用物理系，同时增设的还有应用数学系。1950年夏，学校决定从1949年入学的大一学生中选拔一部分同学转到应用物理系进行培养，选拔的方式为学生自愿报名，再经所在系推荐、应用物理系审核，并根据数学和物理考试成绩进行录取。为吸引优秀学生转到应用物理系，王大珩专门作了一场动员报告，讲述了物理对认识世界、改造世界的重要作用，对王之江等一批学生转到应用物理系产生了重要影响。王之江直言是王大珩的报告使他决定转到应用物理系，他在回忆中这样写道："在我读一年级结束时，听了王大珩先生动员学生转系读物理的报告，这个报告后来在'思想改造运动'中被批判为'物理改造世界'，属于反动思想之列。我现在看，其实是科学技术是第一生产力的一种具体化。既然物理学的基础理论对世界的影响如此深远，我在第二年开始转系读物理。"

经过选拔，包括王之江在内的22名1949级学生被应用物理系录取，直接编入应用物理系大二年级。与此同时，学校还从1950级新生中选拔了包括后来成为中国科学院院士的陈佳洱、宋家树在内的20名学生编入应用物理系大一年级。

1950年10月，王之江正式转到应用物理系学习。由于应用物理系的政治气氛相比大一时的冶金系要宽松很多，王之江把大部分精力都投入物理专业知识的学习中，因此学习成绩非常优秀，他的实验报告曾被刘导丰老师带到北京与兄弟院校交流。

1951年，为适应国家经济建设迅速发展对专业人才的迫切需求，教育部要求1949年入学的大学生提前一年毕业参加工作。在这样的背景下，应用物理系的学生需要在一年内把大三、大四两年的课程全部学完，且有原子物理、统计力学、量子力学几门难度极大的课程，学习过程非常艰苦。在这个过程中，王之江表现出了他在学习方面的过人天赋。直到今天，他的大学同学吴世法仍然对王之江的学习能力赞叹不已，他说："我们这个系的课程是非常紧张的，特别是在1951年。那时，国家开始推进第一个五年计划，要求大家1952年提前毕业，那么大三、大四这两年的课程要在一年当中学完，所以这个难度确实非常大。特别是原子物理、量子力学、统计物理这三门，是硬课，这三门硬课本来是三年级、四年级要念的，那时要在一年当中学完，对老师和学生来说是非常艰苦的。当时学校非常照顾我们这20个学生，安排我们两三个人住一个宿舍，就是让我们白天、晚上都可以有条件来学习。这时，王之江就显示出了他的才能，应该说他是有天赋的。他那时的天赋和才能主要表现在：自学能力很强。三门课要在一年时间之内都学完，老师只讲提纲，考试又要考这三门有关的内容，我只能得4分，他能全得5分，所以在这方面我是特别佩服他的。他的自学能力很强，老师讲的这些内容，他通过自学就已经有个概念了，再把老师讲的这些提纲整理好，相当于复习一样。我总觉得我们国家在教学方面存在着一个很大的问题，就是灌，老师是灌给学生，学生是全盘地记录下来。靠记是不行的。王之江有个特点，不是靠记，而是靠理解，把其中一些最主要的概念搞清楚、理解清楚，他说：'我是不记什么东西的。'其他同学和我一样，就是拼命记，灌那么多东西，我都要把它记住，可难了。他就说：'用不着记，把它理解了，就能学得好。'所以，这方面我特别崇拜他。"

1952年9月，王之江与应用物理系1949级其他19名大学生一起响应国家号召提前一年毕业，结束了3年的大学生活。谈及自己在应用物理系的学习，王之江说："事实上，一个学校的成绩是由当时的老师的组成决定的。我当时在那里，有一些老师比较优秀，所以我受到了一些好的影响。"

大连工学院应用物理系于1950年创立，1952年院系调整时被迁往东北人民大学（今吉林大学）并中止招生，1958年大连工学院恢复物理系招生。因此，应用物理系在创系初期共招收了1949级、1950级、1951级三届学生，其中1949级学生于1952年提前毕业，1950级、1951级学生在院系调整时转到东北人民大学。应用物理系1949级、1950级两届毕业生共40人，出了4位院士，他们是1949级的王之江（中国科学院院士）、姚骏恩（中国工程院院士）和1950级的陈佳洱（中国科学院院士）、宋家树（中国科学院院士）。究其原因，归因于应用物理系创系初期的"大师名家云集"。

大连大学初建时之所以名师云集，其背后离不开创校元老之一沈其震的精心运筹。史料显示，大连大学初建时的大批名师多是沈其震在香港聘来的。沈其震1931年在日本东京帝国大学医学院获医学博士学位，曾长期主持新四军军部卫生工作，中华人民共和国成立后曾任中央军委卫生部第一副部长、中央卫生研究院院长、中国医学科学院院长等职，1955年当选为中国科学院学部委员，一直受到党中央领导层的高度赏识。实际上，早在1947年沈其震就向周恩来总理建议在大连办学，因为大连是东北地区最早解放的大城市之一，具备成立大学的诸多优越条件。1948年，沈其震接受党中央的指示到大连筹建大连大学，并担任大连大学医学院的首任院长。1948年冬，为解决大连大学的师资短缺问题，沈其震前往香港，以商人身份作掩护，利用地下党、爱国人士建立的关系网，在宁、广、沪、杭等国民党统治地区广招科技人才。不到一年的时间，沈其震就为大连大学聘来了以细菌学专家魏曦、解剖学专家吴汝康、光学专家王大珩、化学专家张大煜、电子学专家毕德显等为代表的数十位科技专家。

大连大学初建时能够"大师名家云集"还有另一方面的原因。当时大连大学是中国共产党在解放区主办的第一所大学，且大连地理位置优越，海外学子可避开国内战乱直接到达，因而成为很多海外进步学子回国实现建设国家理想的首选目的地，很多留学生也是这样先到了大连。对王之江学术生涯产生较大影响的吴式枢就是如此。吴式枢1947年到美国留学，1951年在伊利诺伊大学获哲学（物理学）博士学位后，谢绝美国导师的挽留，不顾父母的劝阻，从香港乘轮船到大连工学院应用物理系任教。当然，这批名师在大连居留时间不长，多于20世纪50年代初为适应国家建设的需要而离开大连。其中，王大珩是在1951年中国科学院仪器馆筹备成立时被调离大连工学院，吴式枢在1952年随全国高等院校院系调整转到东北人民大学。实际上，对应用物理系办学产生影响最大的事件是1952年的全国高等院校院系调整，在这次调整中，很多应用物理系的老师和全体在系学生一起被调整到东北人民大学，人才培养工作也因此出现了短暂中断，直到1958年才恢复招生。

在大连工学院，对王之江学术生涯产生重要影响的首先是王大珩。王之江从冶金系转到应用物理系，就是受王大珩转系动员报告的影响。但在应用物理系，王大珩当时任教的是实验课，王之江不喜欢做实验，所以他对王大珩的教学没有留下印象。谈及此事，他说："我看纪念大珩先生的回忆录，看到北京大学校长陈佳洱写了一篇文章，说大珩先生开了一门物理实验的课，说如何对他有帮助，我想这个可能是大珩先生开的课。我当然做过这个实验，但那时对实验不大理解，对我没有多少帮助。我这个人不喜欢做实验，我后来在上海光机所一室也在领导做实验，但我自己并没有好好做，都是在领导别人做。我实际做得最多的工作还是分析分析人家实验的结果，看看人家的实验现象有没有奇怪的地方，有没有不符合常理的地方，我非常关心的是理论和实验符合不符合，能不能从理论上讲清楚。我关心的是这一类的事情，其实自己不会好好做实验。"

所以，回忆在大连工学院应用物理系的学习时，王之江坦言："我在大连的时候，跟大珩先生可能一点接触都没有，我这个人不喜欢跟领导接触。"

在大连读书期间，王之江接触较多的是吴式枢、何泽庆两位老师。那时，吴式枢教授原子物理课程，何泽庆任吴式枢的助教，他们的教学给学生们留下了非常深刻的印象。当时吴式枢讲授的是大三年级的原子物理课程，因为没有教材，他担心学生复习起来比较困难，所以在原本不用讲稿便可讲课的情况下，每次都在课后将讲课内容整理成讲稿发给学生。由于他当时刚从美国回到国内，尚不习惯中文的语言逻辑，课程讲稿全是用英文书写而成，学生们学习起来非常困难，当时的助课教师何泽庆便承担起了翻译工作。两位老师的教学都对王之江的学术生涯产生了深远影响。

王之江喜欢用"懂"来评价一名好教师的教学水平。对于吴式枢的教学，王之江的评价是："他本身是从美国留学回来的，在大连教书的时候，属于那种'懂'的老师，一听就知道他是教得非常好的。"

吴式枢不仅课程教学好，更重要的是把进行学术研究的方法传授给了王之江。王之江大学毕业后到长春的中国科学院仪器馆进行光学设计工作，刚开始根本不知道如何去做，那时吴式枢刚好随高等院校院系调整也到了东北人民大学，利用经常见面的机会，吴式枢教会了王之江如何从查阅文献开始进行科学研究。在吴式枢的指导下，王之江不仅学会了光学设计的基本方法，完成了国家急需的光学设计任务，还在借鉴国外先进光学设计思想与方法的基础上创立了中国特色的光学设计理论体系。因此，谈及自己的科学研究，王之江说："我做科学研究，实际上对我影响最大的是吴式枢。"

在大连工学院读书时，对王之江影响较为深远的还有何泽庆。何泽庆，中国著名物理学家何泽慧的弟弟。何泽庆才华出众，很受学生尊敬。1993年，王之江曾为《科学的道路》撰写了一篇文稿，文稿就是为纪念何泽庆所写。在这篇文稿中，王之江讲述了对他影响深远的一件事："其中有一件事对我而言影响很大。何泽庆先生当时是助教，他在一次上辅导课时给每个同学发了一张白纸，让大家写出自己的读书方法、学习方法。我当时很不理解。他解释这问题的重要性：工欲善其事，必先利其器。这是我注意思想方法和工作方法的开始，我认为这是我能够作出一点成绩的主要原因。"

服从国家需要,转行光学设计

1952年9月，王之江从大连工学院提前毕业，被分配到尚在筹建中的中国科学院长春仪器馆（1957年更名为中国科学院长春光学精密机械仪器研究所，简称长春光机所）工作。

长春仪器馆的筹建始于中华人民共和国成立之初。1950年8月24日，中央人民政府政务院会议通过了由中国科学院副院长李四光、卫生部副部长贺诚、教育部副部长韦悫、文化部副部长丁西林联名提交的设立仪器工厂的建议，以满足科研机构科学研究以及工业、农业等领域对仪器的迫切需求。1951年1月24日，中国科学院仪器馆筹备处成立，丁西林任筹备处主任，王大珩任副主任，开始了筹建仪器馆的艰难历程。

筹建仪器馆的具体工作是王大珩领导开展的。王大珩本想把仪器馆建在北京，能够更好地服务于中国科学院所属各个研究所，但当时上级拨发的筹建经费只有7000吨小米，这笔经费在北京显然建不起一所研究机构。经多方考察，王大珩决定在长春建立中国科学院仪器馆。谈及当时在长春成立仪器馆的优势，王之江说："据我了解，在解放战争过程中，长春虽然被破坏得很厉害，但房子并没有被怎么破坏。房子的破坏，只是把屋顶都拆掉当柴火烧了，房子的四边都还在，只要花很少的钱，就可以把房子建起来。"所以王大珩决定将仪器馆建在长春。

成立仪器馆，迫切需要充实研究力量，为此，王大珩就从全国各地挑选了20名大学毕业生，其中有北京大学的邓锡铭、清华大学的潘君骅、南京大学的丁衡高等。由于王大珩曾经在大连工学院执教过，并亲自创立了应用物理系，非常了解王之江这批学生，所以他在这里挑选了5名学生，分别是王之江、姚骏恩、王乃弘、吴世法、沃新能。这20名大学生，北京等地的先到仪器馆的北京筹备处报到，在那里接受三个月的培训，王之江等5名大连工学院的学生则直接到长春报到。

1952年10月，王之江等5人到达长春。不久，王之江被分配到光学物理研究室，专门从事光学设计工作。光学设计，就是通过计算光线经过光学器件的具体光路来设计光学系统的结构参数，为仪器制造提供理论依据。因此，光学设计是光学仪器制造的基础，是应用光学的灵魂，"在20世纪五六十年代，大家对应用光学的普遍理解就是光学设计。"

王之江开始做光学设计时，光线经过透镜后光路变化的光线计算是最为烦琐的工作，因为那时还没有电子计算机，计算光线是用原始的几何光学方法，通过对数表、三角函数对数表，把乘除法变成加减法来计算。计算的精度要求非常高，一般情况下计算结果要保留7位有效数字，较低的要求也至少要保留5位有效数字。初学人员只能运用原始的加减法进行运算，计算一根光线通过一个面通常要花费至少5分钟的时间，计算过程非常烦琐。上海光机所退休干部何绍康说："应用光学的工作非常艰难，搞计算用计算尺，工作量太大了。"因此，那时候做光学设计，一般要安排很多光线计算员专门进行计算，王大珩曾参观过苏联的一个光学设计室，那个室竟然有60多名光线计算员。初到长春，王之江所在的光学设计组只有他、王乃弘和黄营生3人，其中黄营生是专门进行光线计算的计算员，王乃弘则兼做图书馆的管理工作，实际上只有王之江一人在做光学设计。

对于光学设计这份工作，王之江刚开始是不愿意接受的，他喜欢的是理论研究，整个学术生涯中思考最多的也是理论方面的问题。他坦言："这（光学设计）与理论物理相距甚远，很不符合自己的愿望。这也许是物理教育的一个偏向，似乎只有从事物理理论才是唯一出路。"他在1955年写的自传材料中描述了当时接到光学设计工作时的思想状态："到仪器馆以来，开始还是好的，后来曾因不愿做光学设计工作而要到学校去，情绪波动很大。后来认识到这项工作在中国没有基础，而且又是很需要的，就安定下来，想做它三五年打下基础，培养出人才后就离开这里。"实际上，由于光学设计的计算繁杂等方面的困扰，很少有人愿意接受这样的工作。

王之江接受光学设计这一工作，完全是基于国家的需要。20世纪50年代初，中国的应用光学基本处于空白状态，还不能生产出制造光学仪器的基础物质——光学玻璃。从事这一行业的全国仅有几百人，主要分布在兵工署22厂等几个光学工厂，主要从事军用光学仪器的组装与保养工作，缺少为光学仪器制造而进行光学设计的专门人才，甚至很多光学仪器坏了也不能修理，青岛观象台的一台天文望远镜在抗日战争时期被日本人破坏，直到1954年才在王之江做的光学设计基础上修复。

实际上，中国从20世纪30年代起就已经开始了中国应用光学事业的建设历程。为满足国家对军用光学仪器的迫切需要，民国政府曾于1934年、1938年先后派遣龚祖同、王大珩到欧洲专门学习应用光学技术，并建立了组装军用光学仪器的兵工署22厂。与之同时，严济慈、钱临照也曾在国立北平研究院应用物理研究所和昆明领导开展过应用光学的相关研究，并在抗日战争期间研制出了一些光学仪器，协助兵工署22厂生产出一些军用光学器材，并培养了一批技术工人，仪器馆建馆初期磨玻璃的技术工人主要来自应用物理研究所，这些工人都是严济慈亲手培养、训练出来的。中华人民共和国成立后，虽然严济慈、王大珩、龚祖同等老一辈光学家具备开展光学设计工作的能力，但那时严济慈任中国科学院东北分院院长，王大珩任仪器馆馆长，龚祖同则致力于光学玻璃的熔炼，都没有精力去开展光学设计的具体工作。在这样的背景下，急需有人来承担起光学设计的具体工作，因此，做光学设计虽非自己所愿，但既然是国家需要，王之江坦然接受了这项工作，并下决心将它做到最好。

仪器馆建馆之初，王大珩的目标是把该馆建成东方的"蔡司"。蔡司公司是德国最负盛名的生产光学精密仪器的工厂，到今天仍然在全世界范围内处于领先地位。追溯蔡司公司的发展历史可以发现，该公司是在19世纪70年代开始迅速发展并逐渐成为享誉世界的顶级光学企业的，其迅速发展的关键原因在于该公司与德国光学设计专家阿贝（Ernst Karl Abbe）的合作。蔡司公司早期的迅速发展，充分体现了光学设计理论在光学仪器制造中的重要作用。1952年，王大珩把光学设计工作交给了当时年仅22岁的王之江。谈到被安排做光学设计，王之江认为："我做光学设计，可能是（王大珩）看到我数学比较好。"在王之江的大学成绩单上，大学一年级第一、第二学期的微积分考试成绩分别是 99 分、100 分（百分制），大学二年级、三年级的数学分析成绩都是 5 分（5 分制）。扎实的数学功底为他从事光学设计工作打下了坚实基础。

为了帮助王之江学习光学设计的基本方法，王大珩把英国伦敦大学帝国科技学院的教材《应用光学与光学设计》交给了他。这本书由英国光学设计学派的杰出代表康拉迪根据其在帝国科技学院教授光学设计的讲义整理出版，书中详细介绍了光学设计的基本运算方法以及球面像差、色差等基本理论。

王之江虽然在大学期间也学过几何光学，但学习的内容与光学设计没有什么关系，因此到长春仪器馆参加工作时对光学设计还是一窍不通。但读过康拉迪的这本书后，王之江知道了怎么去算光线，如何进行光学设计，因为这本书"开宗明义第一条就是教你怎么算光线，很具体，所以这本书我认为是写得很好的一本入门书，而且它是有深度的。所谓深度，就是你真读懂了它，确实是能做设计的"，王之江在回忆时这样说。

读了这本书后，王之江就开始试着做光学设计。当时，光学设计工作通常分为三个步骤。第一步，光学系统的初步设计，根据仪器的性能要求确定光学系统的组成和结构；第二步，光路计算，对初步设计的光学系统，根据光线的折射、反射定律用数学方法计算光线的传播路径；第三步，像差分析，判断光路计算的结果是否达到初步设计的目标。在实际过程中，光路计算的结果与设计要求通常都存在误差，即存在像差，为此需要判断像差产生的原因，并据此对初步设计进行修改，然后对修改后的光学系统重新进行光路计算，再判断是否符合设计的目标，如此反复，直到达到设计目标。

在学习光学设计的过程中，王之江自己曾进行过一段时间的光路计算，仪器馆为他安排了专门的光线计算员后，他开始把主要精力放在了设计与像差分析上。由于计算全靠人工，光线经过每个面都要计算，计算量非常大，为提高效率，王之江就根据光学的基本原理对光学系统的结构进行分析，然后根据系统的结构特点选择最典型的少量光线让计算员进行计算，尽量减少他们的计算量。

在光学设计过程中，由于像差的出现是不可避免的，因此，需要判断像差来源于什么地方，怎样进行修改才能消除像差，即进行像差分析，这是决定光学设计能否成功的关键。在实际工作中，光学设计者需要对光线经过每一个面的计算都要进行校对，判断有没有错，光学设计者必须有扎实的像差理论基础才能判断准确，如果不懂像差理论，就弄不清像差的来源，因此对光学系统的修改也缺乏清晰的判断。即使在今天光学设计的计算完全依靠计算机程序的时代，由于开发的程序是基于一定的假设和固定的算法，仍然可能存在事先考虑不够周全的地方，因此还需要进行判断，仅仅依赖光学设计软件而没有判断能力不一定能作出好的设计。所以，做光学设计工作，基于像差分析的判断是决定设计是否合理的关键。由于像差分析过程主要是基于复杂的数学分析与计算，真正掌握像差理论十分困难。光学设计看似入门容易，但要做得好却不容易。在王之江之前曾有不少中国学者从事过光学设计工作，但真正做得好的并不多，原因就在于此。

通过深入学习康拉迪的著作，王之江很快掌握了应用光学的基础理论和设计方法，但该著作有一个很大的缺陷——整个著作没有一条引用文献，缺少对光学设计的历史发展、不同光学设计理论的比较以及国际发展趋势的阐述。王之江觉得："只读这本书做设计是可以的，但是仅能够做一个设计匠，也就是做工匠还是可以的，不会有多大的发展。"要真正做好光学设计，需要学习并吸收不同学术流派的先进设计理念。当时，德国是欧洲大陆光学设计学派的代表，其光学设计理论体系与英国完全不同。德国的蔡司公司100多年来一直保持着世界领先水平，依靠的就是德国独特的光学设计理论体系。虽然当时德国的大部分光学设计处于保密状态，但还是有一些阐述像差理论的著作出版发行。

那时，王之江刚刚大学毕业，并不知道怎么做科学研究。做科研，是在他大连工学院的老师吴式枢的指导下学会的。1952年，全国高等院校院系调整，大连工学院应用物理系被调整到东北人民大学，吴式枢随院系调整也到了长春工作，因此，王之江有机会就去找吴式枢求教。吴式枢耐心地向王之江介绍了光学和物理学领域的各种学术期刊，分析了这些期刊的性质，指导他查阅各种期刊，阅读经典文献。

光学设计这一学科诞生于19世纪五六十年代，其理论在20世纪三四十年代已发展成熟，因此在王之江开始做光学设计时，相应的学术期刊很少，发表的相关论文也非常少，如果没有掌握查阅文献的方法，可能花很多时间也找不到一篇文章。对此，王之江在回忆时这样说："我相信，不会读期刊的人，到图书馆去翻期刊，根本不知道如何下手，查阅期刊完全不得要领，什么都看不懂，但掌握了方法之后，查东西还是很方便的。"按照吴式枢教给他的方法，王之江查阅到了一些光学设计文献，继而找到了这些文献的引用文献，如此继续搜索下去，发现了大量光学设计方面的论文，这样，王之江了解到了光学设计的发展历史以及各个学术流派的学术观点与方法，为后来开展理论创新打下了坚实基础。

这一时期，王之江还阅读了苏联光学设计专家杜德罗夫斯基编著的《光学仪器理论》一书，并与王乃弘、袁幼心一起合作将其翻译成中文，1958年由科学出版社出版发行，为中国早期光学设计的从业人员提供了很好的参考。该书中光学设计的基本思想与方法属于德国的设计理论体系，在翻译过程中得到了曾留学德国的老一辈光学家龚祖同的悉心指导。据潘君骅回忆，王之江等人曾带着翻译的部分章节到龚祖同那里去读，龚祖同边听边校，不仅保证了翻译的质量，也加深了他们对光学设计理论的理解。

在学习光学设计基础理论的同时，王之江开始试着进行了一些光学仪器的光学设计。由于刚开始做光学设计时没有任何经验，王之江通常先把一些光学仪器拆开，看看该仪器有哪些镜片，观察镜片的组成方式，测量各个器件的规格大小，然后进行仿制。与一般人员不同的是，在仿制过程中，王之江要分析每个镜片的作用，思考光束的传输路径，搞懂仪器的设计思路，为自行开展光学设计奠定基础，因此他会认真思考每个部件的作用，并从中学到了很多知识。比如，在仿制一种大地测量的光学仪器——大平板仪的时候，从仪器中拆出来的一个不规则的棱镜就给了他很好的启发。常见棱镜的角度通常是 30°、45°、90° 等比较规则的角度，但那个大平板仪中的棱镜有一个角是 12°，不规则。为什么是 12°，王之江百思不得其解。恰逢王大珩来看这个仪器的仿制情况，于是王之江向王大珩请教，王大珩当场指出，这个棱镜的作用是使经过棱镜的图像产生 12° 的旋转。后来，王之江就专门利用棱镜使图像产生旋转等运动、变化进行了全面研究与总结，相关成果写入了他后来出版的专著《光学设计理论基础》中，为国内的光学设计工作者提供了有益的借鉴。

在仿制的基础上，王之江开始试着自行设计一些新的光学仪器，到 1954 年，他自主完成的光学设计有 20 多种。在仪器馆建馆短短两三年的时间内，一下子有这么多种光学仪器被研制出来，长春仪器馆因此声名鹊起，全国各地的科研机构纷纷到长春仪器馆寻求帮助，或要仪器，或要求维修仪器。当时，中国科学院金属研究所金属材料专家师昌绪正在进行金属蠕变的实验研究，由于金属蠕变现象的细节非常小，需要借助一个长焦镜头进行观察，但那时在国内根本买不到这种设备。他去找时任所长李薰，李薰对仪器馆光学设计的成果已有耳闻，就让师昌绪找王大珩帮助解决，光学设计的问题当然还是要靠王之江来解决。不久，师昌绪就拿到了自己所需要的长焦镜头了。

对于早期的光学设计实践，王之江记忆最深的是青岛观象台望远镜镜头的设计。这是一台德国进口的小天文望远镜，是折射式望远镜，物镜口径为150毫米，焦距为2.2米，镜筒在抗日战争时期被日本人拆走了，只剩下木质机架和转仪钟。青岛观象台方面希望长春仪器馆为这台望远镜配制一个镜筒，以便进行太阳黑子等天文现象的观察。

接到这个任务时，王之江还没做过望远镜的设计，于是就查阅文献，并很快找到了望远镜的设计方法。他觉得这个望远镜是最简单的望远镜，相应的光学设计应该非常简单，对那么长时间没人能修复它感到奇怪。为此，他先后到南京紫金山天文台、上海佘山天文台进行了考察。南京紫金山天文台的望远镜是反射式的，体积很小，没有参考价值。上海佘山天文台的望远镜是折射式的，主要通过观察遥远星体的位置来测定当地的时间，是当时国内最大的折射望远镜。当时的台长李珩给王之江详细地介绍了这台望远镜的历史、结构与用途。经过考察，确如王之江原来所想，青岛观象台的这台望远镜的光学设计属于最简单的一种，当时是人工计算光线，一两天也就完成了。

虽然青岛观象台望远镜的光学设计简单，但在研制过程中仍然遇到了一些棘手的问题。这台天文望远镜跟其他望远镜的区别在于，其焦距很长，达到2.2米。望远镜焦距的变长，使得视场中心的色差很难调整，即色差校正不完全，会有剩余色差。由于是第一次设计这种望远镜，王之江不清楚设计好的系统是否已将剩余色差校正好，在望远镜加工完成之后，他才发现加工存在瑕疵，望远镜的视场中心存在色差。经过分析，他认为色差的出现是由镜片四周不等厚造成的，决定采用两个镜片错位来进行补偿，成功消除了中心色差。望远镜的加工制作是由潘君骅、缪祥松完成的。后来他们又为上海佘山天文台制作了直径为200毫米的折光天文望远镜物镜。

那段时间，长春仪器馆是中国科学院唯一能做光学设计的机构，全国各地有光学仪器需求的都跑到长春来请求帮助解决，有各种各样的问题需要王之江解决，一年下来他差不多要做近百个光学设计。大量的光学设计实践的锻炼，使王之江的光学设计水平得到了迅速提升。

面对全国各地各式各样的需求，难免会遇到一些棘手的问题。比如，二级光谱问题，即对两种色光校正色差后，对第三种色光还有剩余色差，这是任何光学系统都无法消除的一种像差。在为青岛观象台设计望远镜时，王之江就感觉这个问题非常棘手，他查阅了大量资料，一直没有找到好的方法。针对这个问题，他曾经向很多人请教过，都未能给出令人满意的解答。为解决这个问题，他对当时国际上光学设计理论的主要观点与方法进行了深入分析。

在光学设计领域，当时国际上主要有两个学派，一个是以德国为代表的欧洲"大陆学派"，德国、苏联等一些国家的光学设计体系隶属这一学派；另一个是以英国为代表的"英国学派"，其光学设计的基本理念与方法是以康拉迪的理论为基础，英国、美国隶属这一学派。德国是应用光学理论的发源地，其像差理论的分析方法是将表征像差问题的函数进行级数展开，逐级分析，光学设计人员是通过大量的光线追迹、反复试验来确定光学系统的结构，该方法分析较为透彻，但缺点是过程烦琐、计算结果要求小数点后保留 7 位有效数字，计算量非常大，三级像差的计算量已大得令人难以承受。20 世纪初被称为"大陆学派"的德国等欧洲大陆国家采用的是这种方法。与"大陆学派"不同，被称为"英国学派"的英国应用光学专家则是通过尽可能少的光线追迹与计算来建立表征像差的代数公式，并以此进行光学系统的设计，这种方法在构建实验模型时同样需要花费大量的精力和时间。由于两种路线都需要耗费大量精力，康拉迪采用了中间路线，即：在第一步采用代数公式进行光学系统的设计，并提供变化系数，第二步转换到低精确度的光线追迹计算，计算结果只需在小数点后保留 4 位有效数字，最后用小数点后保留 5 位有效数字的计算进行光线追迹验证。康拉迪在大量光学设计实践的基础上提出了一系列进行像差判断的经验公式，其中最著名的是消色差的（d–D）公式，大大减轻了光学设计的工作量，十分实用。在 1917 年被任命为伦敦大学帝国学院技术光学系的教授后，康拉迪的光学设计方法很快成为英国应用光学界的主流，并通过其弟子兼女婿 R. 金斯莱克传到了美国，康拉迪因此成为新的"英国学派"的代表人物。"英国学派"的处理方法虽然比"大陆学派"的简单、清楚,但没有"大陆学派"的分析透彻。对于高级像差的分析,这两个学派的理论都不够简洁、高效。

在对英国与"大陆"两个学派的应用光学理论体系进行了深入研究后,王之江认为虽然当时国际上流行的三级像差(seidel像差)理论已近完善,但由于必须做大量的光线计算(时常要做大量空间光线计算)来决定实际的像差值以及依此来修改结构,其像差理论的繁杂已使其失去了实用性,要解决高级像差理论不够实用的难题,需要借助物理光学以及生理光学的方法来创新高级像差理论。

正如王之江所指出的那样,此前像差分析都是应用几何光学方法,在分析初级像差、二级像差时十分有效,但在分析高级像差时太过复杂,已没有实用价值。为解决高级像差分析的困难,王之江将物理光学的分析方法引入高级像差的理论探索,以二级像差为研究对象,首先由对称性推导出波像差的表达式,再根据几何像差与波像差之间的近似关系,利用费马原理和同一光线可看作各不同点发出的观点导出了物体移动时像差变化的规律,对二级像差的几何表现和光束结构的一般性质进行了深入分析，所得结果略去了初级像差的影响，表示式非常简单。同时，王之江还创造性地将像差分为本征和衍生两类，分析了两类像差产生的原因，并导出了两类高级像差的数学表达式。王之江总结出的高级像差的变化规律和推导出的近似数学表达为评断高级像差的产生原因提供了半定量的依据，形式简单，具有很强的实用性，解决了长期困扰国际学界的高级像差分析问题，也为中国特色应用光学理论体系的建立奠定了基础。

1956年，时任中国科学院东北分院院长严济慈到仪器馆检查工作，听取了仪器馆各个部门的工作汇报，王之江汇报了光学设计方面的具体工作。严济慈是我国应用光学研究的先驱之一。20世纪30年代，他在国立北平研究院物理研究所从事压电晶体研究时，曾遭遇过国内无法买到光学仪器的窘境，也曾指导物理研究所的年轻科研人员开展光学仪器的试制工作。严济慈深知应用光学对于国防建设的重要性，一直努力促进中国应用光学的学科建设与发展，1938年赴英国留学学习应用光学技术的王大珩就是严济慈亲自挑中的。40年代，为适应抗日战争的战时需要，在昆明黑龙潭龙泉观的破庙中，严济慈带领钱临照等一批物理研究所的研究人员，制造出300多套步兵用的五角测距镜和望远镜、500台1400倍显微镜、200架水平经纬仪、500套缩微胶片放大器等，供部队、医院、工程等方面的人员使用。仪器馆建设初期磨玻璃的工人就是在这一时期由他培养出来的。1949年初期，他领导仿制的第一架巴拿马瞄准具还被《中华人民共和国科学技术大事记（1949—1988）》收录。因此，在听完王之江的汇报后，曾经从事过光学设计的严济慈非常理解这些工作的困难之处以及对于国家建设的重要意义，对其工作大加赞赏。提及此事，王之江说："严济慈先生来检查工作，让各个部门作报告，光学设计由我来作报告，主要是具体做过些什么设计，反正这个报告的结果严济慈先生是非常欣赏的。他是做过设计的，他不是外行。"

王之江在光学设计理论和实践方面取得的成就也得到了王大珩的高度肯定。1985年，为提高王之江的待遇，王大珩曾专门为王之江写过一份学术评价，王大珩在这份学术评价中写道："（光学设计工作）突出地表现了他（王之江）对所学事物的敏感性、想象能力、创造能力和表达能力。在从事研究所自身需要的以及所外委托的各种光学设计中，迅速地形成以他为主导的团队，完成了多种类型的镜头设计，包括显微镜物镜、内调焦望远镜、照相机放映物镜、宽银幕放映物镜机摄影物镜、折反射系统以及连续变焦物镜等。不出十年，使长春光机所形成了一个我国的光学设计中心，掌握了光学设计的自由。"

获评八级助研和吉林省先进工作者

1956年，鉴于王之江在光学设计方面作出的卓越贡献，在王大珩的亲自安排下，王之江由研究实习员提升为助理研究员，是从1952年建馆到1956年期间来长春仪器馆工作的大学生中唯一的一个，工资一下子涨了4级。1956年年底，他被评为"吉林省先进工作者"，1957年又被评为长春市共青团的"向科学进军积极分子"。王之江获得的这些奖励和荣誉，虽是基于卓越的科学成就所得，但在仪器馆内还是产生了很多议论，特别考虑到他曾是1955年"胡风反革命集团案"的一个"肃反"对象，让他和王大珩都陷入了舆论旋涡之中。

1955年5月，一场声势浩大的肃清反革命运动在全国范围内展开。在这场运动中，王之江因发表支持马赫主义哲学观点等一系列言论，被诬陷为反革命分子，被迫接受审查。实际上，王之江关于马赫主义哲学的观点产生于学习马列主义经典著作的活动之中。他在阅读《唯物主义和经验批判主义》时，看到无产阶级革命家列宁批判马赫主义哲学，为弄清马赫主义哲学的基本观点，就开始去读马赫主义哲学著作，其初心是想更好地理解马列主义，也希望能从中学习到科学的思想方法和工作方法。

因为支持马赫主义哲学，王之江被认定为"宣扬唯心主义，诋毁马列主义"，是明显的反党反革命行为，因此遭受了反革命审查。对于王之江那时的遭遇，他的大学同学、长春光机所同事吴世法明确否认王之江是反党反革命的，他说："王之江没有这些反党的思想，这方面我可以保证，因为他跟我从大学到光机所一直都在一起，他跟胡风一点儿也没有联系。"

王之江被认定为反革命分子，客观上是受他在大连大学求学时期的老师何泽庆的影响。何泽庆的思想比较激进，说过一些更加过激的言论，后来被定性为吉林省最大的"右派"，而王之江非常崇拜何泽庆，在长春工作期间和何泽庆经常在一起探讨学术问题，交往非常密切，"肃反"运动很自然就波及了王之江。在认定王之江是"胡风反革命分子"之后，就开始找人来揭发王之江，王之江的好友潘君骅、吴世法、妻子顾美玲都被找去揭发王之江。虽然这些人竭力保护他，王之江还是受到了审查与批判，并被开除了团籍。

王之江遭受反革命审查，牵连到了几个好友。潘君骅受到审查小组的威吓，说不揭发王之江，就马上批判他。吴世法维护王之江，被认为"右倾"。受到牵连最大的还是王之江的新婚妻子顾美玲，她因这件事丢掉了"党票"。谈及这段历史，王之江的好友潘君骅说："王之江整改的时候，应该是1955年的那次。顾美玲当时已经是预备党员了，王之江被定为反革命，党组织问顾美玲，说你要党票还是要王之江，顾美玲说不要党票了。""要党票还是要王之江"也因此成了长春仪器馆有名的典故之一。

谈及王之江成为"肃反"对象，顾美玲认为跟他的性格特点有关。王之江性格比较孤僻、冷静、不爱讲话，中学时没有几个朋友，不怎么和人交往，只是埋头读书。同时，他在和别人交谈时说话比较耿直，很容易得罪人。妻子顾美玲曾直言："王之江从来不会拍马屁，也不会说奉承的话，他实实在在，好就好，不好就不好，从来不会说假话什么的，因为这个原因，会得罪人。工作也是，比如说你做什么，你哪里不对或者是什么，他不会用一种婉转的方法让人家接受，他想不到这些。"王之江的大学同学姚骏恩也说："王之江是比较直的，平时说话不多，也不跟人瞎聊天什么的。"

"肃反"时，王之江和顾美玲结婚还不到一年，面对"要党票还是要王之江"的艰难选择，顾美玲选择了后者。回顾这段历史，顾美玲至今仍然非常伤感，她说："在'肃反'的时候，他们让我说他是什么什么的，我做不到，因为我们毕竟还是相爱的，我了解他，根本就不是他们说的那样。当时我年纪很轻，一般的也不懂，根本没想到会有这么个事情。另外，我对这个事情很忌讳，所以态度是很坚决的，最后我的党籍就被取消了。"

为了王之江，顾美玲不惜牺牲了自己的政治前途，并且承担起了全部的家务，全身心地支持他的工作。对此，他们的好友陈星旦曾这样评价："顾美玲对王之江的成长有很大帮助，他家里什么小孩啊、家务都是顾美玲管，王之江一点都不管，空出很多时间来工作、看书。"因此，王之江取得的卓越科学成就，其背后凝聚了妻子顾美玲的默默支持和无私奉献。

1955年反革命审查，虽然使顾美玲丢掉了"党票"，但并未对王之江产生多大影响。当年年底审查结束，王之江因反革命罪证不足，长春仪器馆撤销了对他的处分，恢复了他的团籍。随着1957年"反右"运动的到来，王之江因在"肃反"时被认定有反动的言论，再次受到批判。不过庆幸的是，在"反右"运动中，他被认定为可以"内控"使用的科研人员，成为中国科学院系统内受保护的对象之一，并未真正戴上"右派"的帽子。虽然没戴"右派"的帽子，但王之江仍然受到了非常严厉的批判。不仅有各种各样的批斗会，批判王之江的大字报也是铺天盖地，但他都能坦然处之。

1957年年底,随着"反右"运动的深入,国内出现了人才培养"专"与"红"的辩论,提出国家要培养为无产阶级服务的"又红又专"的人才。在这场"红"与"专"的辩论中,长春光机所出现了三个典型:一个是邓锡铭,是又红又专的代表;另一个是唐九华,是先专后红的代表;王之江是只专不红的代表,实际上就是说王之江是"白专"典型。那段时间,王之江专心于光学设计理论探索的行为以及"经典光学已经没有什么值得研究的了"等言论,被认为是资产阶级名利思想的表现,成为批判他的主要罪状之一。长春光机所1959年关于"大跃进"运动的一份档案,也有直接点名批判王之江领导的光学设计小组的叙述。种种材料表明,王之江在这一时期虽未戴上"右派"的帽子,却被当成"白专"典型而受到了非常严厉的批判。

在"反右"运动中王之江被认定为可以"内控"使用的科研人员,没被戴上"右派"的帽子,当然有时任所长王大珩对他的左袒右护,王大珩也因此受到冲击,差一点儿把自己也折到了"右派"堆里。

实际上,王大珩一直都对王之江格外照顾,即便后来王之江调离了长春光机所也是这样。1977年,邓小平主持召开全国科教座谈会,参会的王大珩在座谈会上就曾专门向邓小平提出要为"文化大革命"期间遭受不公正待遇的王之江落实政策；1985年，王大珩又专门向中国科学院写报告提议将王之江的待遇提高到一级教授水平。不仅如此，王大珩还一度将王之江选为自己的接班人，王之江在1981年兼任长春光机所副所长，并因此又在长春工作了几个月，实际上就是王大珩准备让王之江接替他长春光机所的所长职位而作的精心安排。

当然，王之江也没有辜负王大珩对他的期望，通过自己的踏实工作和锐意创新，王之江完成了中国光学开创初期的大量光学设计任务，创新了高级像差理论，创立了中国特色的应用光学理论体系，培养了新中国第一代光学设计人才，后来又领导开创了中国的激光科学事业，为中国光学事业的发展作出了卓越贡献。所以，王大珩对王之江取得的成就也非常满意，他曾在自传《七彩的分光》中坦承，虽然他对王之江的培养和关爱在极"左"思想盛行的年代成了批判自己的罪状，说他欣赏王之江的才干、把王之江"视为宠儿"、支持王之江走"白专"道路，说他从苏联带回的最新的技术资料都是先给王之江看，说他在1956年工资改革时一再坚持把王之江评为八级助研，过后又给他奖励，选他为省先进工作者、向科学进军的积极分子等，但他毫不在意这些议论，并坚信自己的做法是正确的。

实际上，王大珩对王之江不仅仅是喜爱，还饱含着敬佩之情，他曾坦承王之江是他的学生中"最著名的，也是在学术上贡献最大的一个"，并坦言非常佩服王之江先他一步看到了激光科学的发展前景，并及时跟踪介入这一领域，为我国激光技术发展始终处于国际先进行列作出了突出贡献。所以，当王之江1991年被评为中国科学院院士时，王大珩坦言作为老师，他很为自己有这样一位成就卓著的学生而感到自豪。

开办光学设计培训班，研制"八大件"

从1958年起，王之江连续两年在长春光机所开办了光学设计培训班，为国家培养了一大批光学设计人才。得益于这批人才的迅速成长，应用光学研究在中国遍地开花，中国应用光学的学科体系基本建立起来。

关于开设光学设计培训班的原因，王之江是这样解释的："怎么会有光学设计培训班呢？这是因为，我们做光学设计在国内出名了，1956年、1957年就出名啦，各个大学和研究机构都知道我们是能做光学设计的，就派人来所里培训，我们也都接待、接收。当时到光机所来学光学设计是不保密的，也不收费，我们给人家设计，连设计费都不收，所以培训过很多人。来培训的，我们要为他们安排办公室，还要每人一张桌子，要来培训的人太多了，就觉得这种形式不行，觉得还是一次集中训练几十个人，不能一个一个地培训，所以1958年会办这个光学设计培训班。"

实际上，早在1956年，王之江就已经面向长春光机所内部人员开设了光学设计培训班。1956年，光学设计组新进了薛鸣球、谭维翰和几个光线计算员。由于新进的成员没有光学设计基础，为了让他们尽快掌握光学设计的基本方法，王之江就为他们开设了光学设计培训班。参加这次培训班的还有所里计划科的一些人员以及来自国内其他机构的少数科技人员，其中就包括南开大学的母国光。

由于这次培训反响很好，国内其他机构申请来学光学设计的人一下子多了起来，于是王之江在1958年、1959年连续两年面向全国的高校和光学工厂开办光学设计班。当时来参加光学设计培训班的人员主要来自浙江大学、清华大学、北京工业学院、哈尔滨工业大学等高校，以及上海光学仪器厂、昆明298厂、西安248厂、南京电影机械厂、上海照相机厂等一些光学工厂。当时，这些高校虽然有光学仪器专业或者仪器专业，但因缺乏光学设计方面的教师，并没有开设光学设计课程，昆明298厂等光学工厂也没有专门做光学设计工作的人才。谈及此事，王之江说："当时各个大学，譬如浙江大学，它1956年有光学仪器系的学生毕业，来所的时候是不懂光学设计的。其实，他们学校教光学设计的老师是来所里培训过的，在这个老师来培训之前，他们虽然叫光学仪器系，但学生并没有上过光学设计课。哈尔滨工业大学也有光学仪器系，清华大学没有光学仪器系，有仪器系，北京工业学院有光学仪器系，北京工业学院是有苏联专家的，反正这些大学没有人好好讲光学设计课。另外就是一些工厂。昆明298厂，名称好像就叫光学仪器厂，是兵工厂，做军用光学仪器，中国最早作出双筒望远镜的就是298厂。龚祖同先生在那里做过厂长，双筒望远镜就是龚先生做厂长的时候做出来的。龚先生是能做光学设计的，虽然他后来专门做光学玻璃，其实他还能做光学设计，但是298厂后来就没有人好好做光学设计了。西安也有军用光学仪器的工厂，北京也有一个军用光学仪器的工厂，虽然这些厂都做光学仪器，但并没有人真正能有把握做光学设计。我1958年开训练班主要就是针对这些地方，当时国内主要的大学、工厂都派人来学过。"

培训之前，王之江是全国范围内最出名的光学设计专家，全国各地的光学设计问题都来找他解决。培训之后，得益于这批人才的迅速成长，全国各大光学工厂、高校都能够自主开展光学设计工作。回顾这段历史，王之江非常自豪地说："我觉得这个培训班很好，这之后这些地方都能自己做光学设计，这个可能是我做光学设计最大的成绩。"

这个培训班对王之江本人的重要意义在于，他可以离开光学设计组了。王之江刚参加工作时希望从事的是理论研究，从事光学设计工作并非所愿，但基于国家需要还是接受了这项工作，但同时他也暗下决心要尽快培养出一批光学设计人才，争取尽快脱离光学设计工作。这次培训，确实为国家培养了一大批光学设计人才，其中最为关键的是长春光机所薛鸣球的迅速成长，为王之江离开光学设计工作创造了条件。实际上，1959年之后，长春光机所光学设计的工作基本上是薛鸣球在做，王之江已转向激光研究了。

鉴于王之江在光学设计方面深厚的理论基础和扎实的设计实践，当时很多人不舍得他离开光学设计工作，并对他做了大量思想工作。王之江的大学同学姚骏恩回忆这段历史时，就提到钱临照院士曾亲自去做王之江的思想工作，他说："仪器馆那时候开过一个学术会议（1959年全国光学设计学术会议），当时王之江搞光学设计已经很有成绩了，他不想再继续搞光学设计了，想搞别的光学，当时钱临照也劝王之江继续搞光学设计，但是王之江不愿意，就是想办法搞其他的东西。"

通过光学设计培训班，王之江将自己从事光学设计实践的经验与方法以及创新的高级像差理论毫无保留地贡献了出来，为我国初始建立光学工业事业培养了第一代光学设计人才，为中国应用光学学科的建立奠定了人才基础。

在开办培训班的过程中，王之江根据自己多年的光学设计实践经验，以自己创立的高级像差理论为基础，编撰了全新体系的光学设计理论讲义。这套讲义吸收了德国、英国两个学派基础理论的优点，并有所创新和发展。比如：讲义中三级像差理论的内容主要参照苏联学者杜德罗夫斯基《光学仪器理论》中的相应内容，运算符号也采用该书的符号体系，但具体内容又有了进一步的改善，如提出了光线计算结果的处理方法，对 S 部的校正问题作了较详细的讨论，另外公式的表示形式也和原书有些差异，这样的表示有时更为方便些。又如球差分布问题，王之江对 Steable-Lihotzky 条件与像差的关系做了一个新的证明，并针对此条件导出了一个更加简洁的分布公式，在分析相关问题时更加实用。关于色差问题的处理，王之江沿用了英国学派康拉迪的 d–D 方法，但抛弃了其传统的几何光学分析方法，运用波面差的方法来分析色差，计算更加方便、准确。当然，讲义与英国、苏联著作最大的不同是高级像差理论的内容。在讲义中，王之江针对影响高级像差的各种因素进行了全面讨论，并且求得了像差的严格分布公式，为高级像差分析提供了十分有效、实用的手段。

1965年，王之江以光学设计培训班讲义为基础而编撰的专著《光学设计理论基础》由科学出版社正式出版发行。对于这本著作，王大珩的评价是："建立了一套光学设计方法体系，……是我国从事光学设计工作者的必读书。"光学设计专家薛鸣球院士认为该书比国外的同类著作还要优秀，国外做光学设计的人基本上也人手一册。

《光学设计理论基础》的出版，标志着有中国特色的应用光学基础理论体系正式形成，成为中国光学设计从业人员的主要理论指导著作。时至今日，虽然光学设计的大量工作已可由计算机完成，基础理论仍在其中发挥着非常关键的指导作用，《光学设计理论基础》仍是光学设计从业人员不可或缺的重要参考。

基于王之江在光学设计理论和人才培养方面的卓越贡献，大连理工大学吴世法教授给予了他非常高的评价，他说："应该说，把我们国家光学设计的理论体系真正系统地建立起来，培养很多国内搞光学设计的专家，他是第一功劳，是我们国家的第一人，应该说比老一辈贡献都大。"

在 1958 年、1959 年那段时间，王之江除了开办光学设计培训班培养了新中国第一批光学设计人才外，还为长春光机所"八大件"的研制作出了重要贡献。

1959 年，长春光机所为迎接中华人民共和国成立 10 周年，研制出了万能工具显微镜、大型石英光谱仪、电子显微镜、晶体谱仪、高精度经纬仪、高温金相显微镜、多倍投影仪、光电测距仪 8 种具有代表性的精密仪器和一系列新品种的光学玻璃，史称"八大件、一个汤"，成为"大跃进"时期全国科技界的先进典型。在"大跃进"运动中，王之江领导的光学设计组完成了 100 多项光学设计任务，成为长春光机所"大跃进"运动的先进典型。在此过程中，王之江完成了包括"八大件"中的高温金相显微镜、多倍投影仪以及大口径照相物镜等多种精密仪器的光学设计。

"八大件"原本是长春光机所第二个五年计划攻关的研制项目，在"大跃进"运动的推动下，长春光机所党委决定将这些任务提前到 1959 年 9 月完成，向国庆 10 周年献礼。对于这一部署，所长王大珩一开始是反对的，他认为长春光机所党组提出在一年左右的时间完成第二个五年计划攻关的"八大件"项目不符合科学发展规律,他明确表示,科学研究工作不比工农业生产,不能搞"大跃进"。当时王大珩虽然名义上是所长,但所里事务的决策主要由党委决定。因此,"八大件"的研制是李明哲主导开展的。1958年3月16日,在李明哲等人的组织下,中国科学院光学精密机械仪器研究所联合机械电机研究所、应用化学研究所、长春地质科学研究所召开了一场誓师大会,标志着长春光机所"大跃进"运动正式拉开帷幕。在誓师大会上,长春光机所宣布了"大跃进"运动一些研究的具体时间安排,如1958年试制出高精度经纬仪、1959年6月试制出万能工具显微镜、1959年年末试制出新式电子显微镜等。

为了实现党委提出的目标,长春光机所的科研人员的工作经常是通宵达旦、夜以继日。王之江在回顾这段历史时说:"党委提出要求,做事情、做仪器、做设备,不能零零星星、慢慢腾腾的,要快一点做。快一点当然是对的,那时候快到什么程度呢,经常是不睡觉,彻夜工作,大家的积极性也非常高。那时候还是吃大锅饭,半夜食堂还烧饭给你吃,而且不要钱。"

1958年,李明哲在《科学通报》上发表的《党是如何领导科学大跃进的》一文则印证了王之江的这段记忆。文中这样描述那时工作的情景：有些同志日夜不离实验室，累了就躺一下，醒了再干。炊事员一天煮四顿饭。一切都是为了"八大件"。过去那种人与人之间的隔阂打破了，也不再出现行政人员为研究人员服务的说法了。大家都是为了"八大件"。工作上的来往较过去格外密切。过去那种冷冷清清的局面一下子变得热热闹闹。尤其是到了晚上十二点，几百人在食堂夜餐，个个神采焕发、热情奔放，这种动人的场面是过去所不能想象的。

在那样的气氛下，仪器馆的工作热情空前高涨，年轻的科技人员把铺盖卷放在实验室里，一个人累了就在带来的铺盖里睡一会儿，并立即有人接着做，大家不分昼夜地工作。研究所彼此之间的协作精神也非常好，针对一项研究，碰到材料和技术上的问题，就把所有有关的人找来，当时就能解决问题，所以工作效率非常高，长春光机所原来计划两年完成的工作，半年就完成了。当时怀有这种干劲的不只是年轻人，中老年科学家也大都表现积极热情，在最紧张的时候，他们也和青年科技人员一样几天几夜不回家，坚守在实验室，日夜不眠地忘我工作。

依靠这样的工作态度和奉献精神，长春光机所在1958年国庆节前成功研制出"八大件、一个汤"。1958年9月6日，《人民日报》以《高精度经纬仪、多倍投影仪、光速测距仪研究试制成功》为题专门报道了这些成果。10月5日到11月9日，"中国科学院自然科学跃进成果展览会"在北京市中关村新建实验大楼举办，"八大件"作为长春光机所"大跃进"运动的杰出成果得以展出。其间，国家领导人毛泽东在郭沫若、吴有训、张劲夫等中国科学院领导的陪同下参观了长春光机所研制的"八大件"，并在高精度经纬仪前合影留念。"八大件"的成功，使长春光机所在国内科技界声名鹊起。

在"大跃进"运动中，王之江领导的光学设计组在一年之内完成了100多项光学设计，成为光机所"大跃进"运动的领头羊，也因此成为长春光机所的典型，赢得了所里各方面的赞誉。在"大跃进"运动期间，王之江领导的光学设计组夜以继日地工作，仅1958年11月一个月的时间就成功地完成了原预定1959年全年的设计任务，带动了全所的"大跃进"运动，完成的光学设计工作包括电影摄影物镜系列、大开口摄影物镜、大视场摄影物镜、变焦距物镜、航摄物镜、各种显微镜（包括长工作距离高温金相显微镜、紫外显微镜物镜，以及大视场平像场的目镜）、光谱仪光学系统。其中f/1.5、60°视场的电影摄影物镜、f/9.8、40°视场的摄影物镜的设计超过了当时国内的最高水平，而后者更是已达到国际最高水平。虽然f/9.8、40°视场的摄影物镜的设计非常复杂，但从接下任务到设计完成仅用了五昼夜的时间，不仅反映了他们超高的工作效率和奉献精神，同时也表明长春光机所的光学设计工作已达到了非常先进的水平。由于工作突出，长春光机所党委曾向全所通报表扬光学设计组的先进事迹，相关文本至今仍保存在所档案室。与之同时，长春光机所的部分领导在公开发表的论文中也表扬光学设计组，时任长春光机所党委书记李明哲1958年在《科学通报》发表的《党是如何领导科学大跃进的》、时任长春光机所团支部书记邓锡铭在《科学通报》发表的《反保守 插红旗 实现科学大跃进》等文章中都对王之江领导的光学设计组取得的成果进行了表扬。

在"大跃进"运动中，王之江本人完成的光学设计包括高温金相显微镜、多倍投影仪、广角长工作距离物镜、广角及特种目镜（第二完成人）、照相物镜设计——以一个大孔径照相物镜系列设计为例、变焦距照相物镜等，其中，高温金相显微镜、多倍投影仪属于"八大件"之列。

谈到它们的设计，王之江说："'八大件'的问题多数不是光学问题，这里面有一个高温金相显微镜，要把它的物镜做得非常精确。我记得是这样，倍数越高，工作距离越短，像100倍的显微镜，工作物镜是零点几毫米，所以高倍显微镜的工作距离都很短。这个高倍显微镜大概要求工作距离至少要在1厘米以上，要耐高温，物镜靠得太近就要烤坏了，这个是我设计的。"

关于高温金相显微镜在当时的水平，李明哲曾在发表的论文中特别指出："这些成品（八大件）不但接近或达到了国际上同类产品的水平，而且有的已远远超过了国际水平。高温显微镜全面超过世界上任何一个国家的设计。"

实际上，除"八大件"外还有很多光学设计的水平也是非常高的。比如大孔径照相物镜的设计，王之江的大学同学吴世法就直言是国际水平的，以至于把它错认成了"八大件"之一，他说："当时光机所在'大跃进'的时候有八个大项目，叫'八大件'。这个'八大件'当中就有一个是特大数值孔径的相机镜头的设计，相机有一个条件是数值孔径要越大越好，这个就是王之江设计完成的。我是搞检验的，我就要去检验这个镜头，做这个工作。这个项目是超国际水平的，是当时国际上最大的数值孔径。"

1958年、1959年光学设计培训班的举办，使中国专业的光学设计学术队伍初步形成；在培训班讲义基础上形成的《光学设计理论基础》专著，使中国的光学设计理论更加系统，标志着中国特色的光学设计理论体系基本建立；"大跃进"运动的开展，让长春光机所研制出了以"八大件、一个汤"为代表的众多精密光学仪器，使仪器加工制造技术更加成熟，中国应用光学学科体系基本建立起来，为"150工程"等国防重器的研制奠定了技术基础。

对于王之江光学设计方面的贡献，王大珩在《王之江在学术上的成就与贡献》一文中是这样评述的："……他一来到仪器馆，就从事光学设计这一应用光学的基本领域方面的工作，在同时来到仪器馆的大学毕业生中，突出地表现了他对所学事物的敏感性、想象能力、创造能力和表达能力。在从事所中需要的以及所外委托的各种光学设计中，迅速地形成以他为主导，完成了多种类型的镜头设计，包括显微镜物镜、内调焦望远镜、照相机放映物镜、宽银幕放映物镜机摄影物镜、折反射系统以及连续变焦物镜等。不出十年，使光机所形成了一个我国的光学设计中心，掌握了光学设计的自由。王之江同志亲自设计的带有创造性的成就方面有：我国第一台连续变焦物镜的设计，150# 工程（大型光学电影跟踪经纬仪）口径为 $\varphi 650$ 的分五档变焦光学系统，高数值孔径折反射显微物镜，宽银幕柱形物镜设计，发展了柱形物镜设计的理论和方法等；建立了一套以英国和苏联设计方法为基础的光学设计方法体系，编写了《光学设计理论基础》一书，是我国从事光学设计工作者的必读书；开办了光学设计培训班（中华人民共和国成立以来第一次），为我国初始建立光学工业事业培养了第一代光学设计人才……"

王之江在光学设计理论和人才培养方面的卓越贡献，也得到了光学界的充分认可。大连理工大学吴世法曾直言其贡献超过了龚祖同、王大珩等老一辈科学家，是我们国家的第一人。上海光机所离休干部陈国华说："王之江的学术造诣很深，王大珩都说他这个学生是一流，……说老实话，这个光学设计，到现在大家还是认为王之江起到了顶级作用。"

纵观中国应用光学学科体系的建立，严济慈、龚祖同、王大珩等光学前辈无疑是中国应用光学这幢"大厦"的基础性奠基,而王之江则是站在这些前辈肩上的那块最坚实的"基石"。

问诊"60号"、设计"150工程",突破国防光学"要害技术"

20世纪60年代初，我国开始开展中程导弹的研制，需要对导弹轨道进行跟踪并进行精密测量，其中导弹由控制系统控制飞行的主动段的运动轨迹是用一种精密光学仪器——大型光学电影经纬仪观测的，观测距离要达到150千米以上。这种观测设备事关尖端武器的发展，是西方国家严格禁运的仪器，其制造技术被王大珩称为"要害技术"，只能依靠中国科学家自主研制。为此，国家向当时国内唯一具备研制这种仪器能力的机构——长春光机所下达了研制任务，时称"150工程"。在"150工程"的研制过程中，王之江承担了该装备最为关键的一个组成部分——光学系统的设计任务。

为保证"150工程"能够顺利开展，长春光机所首先开展了预研课题"60号"任务的研制。当时为了导弹研制的需要，国家想方设法通过第三方国家购买了6台瑞士生产的观测距离为30千米的EOTS-C型电影经纬仪，每台总重约3吨，单价却要1.5吨的黄金，花费的代价非常高。设备虽然非常珍贵，国防科学技术工业委员会还是拿出一台送给了长春光机所作为样机，希望长春光机所能够尽快仿制生产出这种设备，并以此仿制工作作为"150工程"的预研课题。仿制瑞士产EOTS-C型电影经纬仪的工作，即所谓的"60号"任务。

"60号"任务光学系统的设计是薛鸣球完成的。薛鸣球是王之江的高中同学，1948年考入浙江大学机械系，但因病休学，1956年才大学毕业。薛鸣球到长春光机所后就加入了光学设计组，在王之江的指导下很快掌握了光学设计方法的精髓，"八大件"中高精度经纬仪的光学设计就是薛鸣球完成的。基于薛鸣球有研制"八大件"高精度经纬仪的成功经验，长春光机所就把"60号"任务的光学设计工作交给了薛鸣球。然而，仿制瑞士产EOTS-C型电影经纬仪的"60号"任务并不成功。当时这个任务是长春光机所与昆明298厂合作开展的，长春光机所负责设计图纸，298厂加工安装。最后组装的样机存在两方面的问题，一是光学成像不清晰，二是样机的电器部分不过关。后来，在"150工程"结束后，长春光机所的研究人员把这台EOTS-C型经纬仪全部拆开，在此基础上陆续仿制出"160A""160B""160C"三种型号的经纬仪。

由于"60号"任务光学系统的设计存在问题，薛鸣球被一些人恶意攻击，说他是有意搞破坏，面临被打成反革命的危险。在这样的背景下，长春光机所让王之江去审查薛鸣球的光学设计。回顾这段历史，王之江说："那时，有人攻击薛鸣球，说他有一个设计设计错了，是故意搞破坏，要把他打成反革命。……我看了一下，确实是设计错了。光学设计跟集成电路设计不一样。集成电路设计不是准确设计，设计出来的东西可能错的，做出来以后可以再修改，一次一次改，可能要改几次，就是设计、再做加工、加工后再改设计，这么反反复复地做，才能做出来，集成电路是这样。光学设计不是这样，光学设计，假使设计是正确的，加工出来一定是好的，不会说加工出来跟设计是不符合的。……薛鸣球是不小心，有些地方应该做的，没做到。我说他这种忽略是正常的，因为平常的系统中间都不会出现，特殊情况才出现，是不能排除的，不能怪他。"

"60号"任务生产出来的样机存在的光学质量问题主要是视场中有色差。薛鸣球对自己的设计进行多次核对后，认为自己的设计不应该出现倍率色差的问题。王之江在经过认真审查后认为，薛鸣球的光学设计中校正色差的方案有疏忽之处，相互校正色差的两个元件之间间隔太大，所以虽然色差校正了，却有倍率色差产生。长春光机所此前做的光学仪器都是小尺寸的，不存在很长的间隔，所以会出现这样的疏忽。至于视场中心的色差，应该是透镜加工的周边不等厚度问题。

长春光机所此前做的光学仪器都是小尺寸的，"60

号"任务的设备是大口径的，口径达到200毫米，长春光机所尚不具备检测大口径仪器的检验技术。刚好潘君骅从苏联留学回国，他在苏联留学时学习的是天文仪器制造，天文仪器通常是大口径的，所以长春光机所就请潘君骅来验证王之江的判断，检验结果与王之江的判断完全一致。

对于这次检验的过程，潘君骅说："当时发现'60号'像质不好，光机所内都判断不定，我刚从苏联回来，就找我。我就想了个办法，就是晚上对准北极星来测，因为当时没有大的平行光管，室内的走廊距离也不够用。因为北极星离真正的北极很近了，它在那个相面上的移动很慢，用刀口来检查就不会影响判断了。我就用这个办法，在焦点上加一个刀片，运用刀口检验阴影法进行了检验。我一看，确实是视场中心有色差，横向色差。因为王之江已经判断，视场中心有横向色差，说明有一片透镜的厚度有等厚差，等于设计加上一个棱镜，一个小的棱镜。后来就把这块镜片拆出来了，测那个等厚差，一下子就测出来了，就是这个镜片的问题。"

王之江的分析与判断，揭示了"60号"任务失败的真正原因，打消了那些对薛鸣球的恶意攻击，保护了薛鸣球。

预研课题"60号"任务的失败,严重打击了长春光机所科研人员的自信心,并影响到了"150工程"的开展。这是因为,"150工程"要研制的大型光学电影经纬仪装置总重达5吨以上,光学镜头直径600多毫米,观测距离能够达到150千米以上,其制造涉及光学、机械、自动控制等多个领域,当时世界上只有美国、苏联两个国家掌握了它的制造技术,属于对我国严格禁运的装备,因此研究人员此前从没见过这种装备,其研制过程只有几张外形照片可以参考,技术难度之大远非"60号"任务所能比。由于"150工程"技术难度大,时任国防科学技术工业委员会副主任钱学森曾多次对研制团队提出一些具体的重要技术指标并亲临指导。同时,该装备又是导弹试验必不可少的观测仪器,为我国中程导弹试验所急需的装备,其研制不容有失。

难度大、国防建设急需,加上预研课题"60号"任务的失败,长春光机所的大多数研究人员对"150工程"缺乏信心,也因此产生了"半竿子"还是"一竿子"工程模式的争论。所谓"半竿子",就是"光搞设计,不搞加工",研究所只负责解决关键性的技术问题,不承担整机的制造任务,整机制造交给工厂完成。"一竿子",就是"研究所接受任务后,从预研、方案论证与设计、研制试验、装调监测指导到制造出产品,全部由研究所来承担"。

争论主要发生在时任党委书记李明哲和时任所长王大珩之间。李明哲是"半竿子"模式的倡导者,认为"150工程"是一个"加工设计项目,没有什么研究内容,加工量大,搞出来也叫不响",其实他是担心万一工程不成功会砸了长春光机所刚刚在"大跃进"运动中竖起的先进典型的牌子。他的担心不无道理,长春光机所从未接手过如此复杂的大型精密光学仪器,"60号"任务又是失败的,而且当时国内光学工业的水平尚达不到研制这台电影经纬仪的要求。王大珩则根据自己在英国昌司玻璃公司工作时学习到的产业部门的工作经验来判断,光学电影经纬仪这种大型光学精密仪器的需求量相对很少(共5台),不能形成规模化生产,一般工厂不愿承担这样的生产任务。更为关键的是,这种设备"技术上的综合性极强,从方案论证、技术攻关到制造出产品,有许多问题是相互交叉难以分割的,许多微妙精细之处,从研究到制造生产,如果转手,很难实现"。而且工程要求的时间紧迫,王大珩认为"一竿子"的工程模式更为可靠。

当时光机所的事务是由党委决策的，而且所内大多数也支持"半竿子"模式，认为研究所是以研究为主，制造并不是他们的强项，应该扬长避短，做他们擅长的事。虽然如此，王大珩还是坚持自己的主张，向各方面解释"一竿子"的合理性。最后，国防科学技术工业委员会、国防工业办公室和中国科学院一起召开专门会议，决定支持王大珩的意见，采取"一竿子"的工程模式，长春光机所全面负责"150工程"的研制和生产。

"150工程"历时5年半，参与的研究人员达600多人，样机于1965年研制成功，性能超过了当时苏联、美国的同类设备，观测距离远远超过150千米，一般天气条件下约为210千米，天气条件好时可达300千米以上。

"150工程"大型电影经纬仪研制成功的意义在于，开创了我国自行研制大型精密光测设备的历史，为国家节约了大量外汇，为独立自主地发展我国尖端技术作出了突出贡献。同时，长春光机所还培养了一支研制大型光学精密仪器的技术队伍，带动了一批相关技术的发展，锻炼了测控系统总体队伍，形成了以光、机、电为主体的光学设备研制体制，为进一步发展中国的测控技术打下了基础。

"150工程"的研制过程经历了很多困难，但由于"做镜头，那是光机所的专长"，所以很少有人在回顾中提到光学系统设计遇到的困难，提到的多是在器件加工过程中遇到的困难。实际上，光学系统的设计才是关键，这是因为，我们隔着玻璃窗看东西，物体都会变形，而"150工程"的光学系统有几十个光学器件，观测的是150千米之外的目标，若设计不科学，就不仅是目标变形的问题，而是什么都看不到。因此，光学系统是"150工程"成功的关键，是一种共识。因此，在问到"150工程"的研制难点主要是什么时，当时主持"150工程"电学部分方案设计的朱云青首先提到的就是光学镜头，他说："国家下达任务的时候，要求经纬仪能跟踪到至少150千米的距离，这是发展导弹的要求。'160A'就不行了，试验发现它只能看到30千米，镜头口径对应观测距离，它的口径太小了，要大口径才能看得远……首先是要做一个大镜头，这是光的部分。我们看美国的资料、看图片，镜头的口径要大，我们比照了KATA50经纬仪，它的口径大，我们考虑'150-1'经纬仪的镜头应该至少有500多毫米的大口径。镜深，就是镜头的整个长度，美国的比我们长，我们国家的要短一点，但是短了不一定缩短摄影系统的作用距离，我们按照指标的要求来做。光学系统是王之江设计的，当时只有一张可以参考的图片，他根据国家要求的观测距离计算光学系统。"

据王之江回忆，当时国家就"150工程"的光学系统提出的具体要求是："要能够观测到200千米，就是说测量导弹的轨迹一定要能够达到200千米的距离，这是第一个要求。第二个要求是给了几个口径大小跟焦距，要变焦距。"因此，王之江接到这个光学系统的设计任务时，只有几张这种设备的外形图片和几个具体的指标可以参考，设计的难度可想而知。

由于王之江当时是"内控"使用的"右派"，不能接触涉及国家机密的项目，他本没有资格承担"150工程"的光学设计工作，但薛鸣球因为"60号"任务的失败被排除在外，长春光机所没有其他人能够承担起这项工作，最终只能让他来承担这项艰巨的任务。

王之江在接到这个任务后，做了两方面的工作。

第一，科学论证了"150工程"的实施方案，奠定了研制这台电影经纬仪的理论基础。关于这方面的工作，潘君骅是这样评价的："王之江做了一个详细的方案论证，用计算来证明在一定的太阳光照下（因为它要靠太阳光反射，太阳光的光照条件是必要条件，仪器口径600毫米，实际是625毫米，用哪一种灵敏度的底片，这是上面定下来的，弹头尺寸多大，也是使用上面提供的数据）能够拍到150千米的影像的，他做了一个详细的论证，非常具体。我认为这个是奠定做成'150工程'的理论基础，有了这个论证，做工作就有根据了。这是比较科学的一个态度，就是用计算来说明'150工程'用多大的口径是可以的。"

在这个论证报告中，王之江还确定了电影经纬仪工作的大气条件，他说："当时国内用电影经纬仪如何观测导弹轨迹一点经验也没有。所以我当时就读了一些书，研究了一下，这个仪器观察有哪些主要因素。我当时确定了大气的层流、抖动是主要因素，会使精度超过一两秒。大气层流没有办法消除，但是可以避免，因为在清晨跟傍晚两个时间段大气最平稳，层流会小于一两秒，这种大气光学条件是支持测量的，一定要在这个时候测量。我当时就定了一些应该有的观测条件，写了个报告，这个是我建议的。"

事实上，火箭发射多在傍晚或清晨、宇宙飞船返回地球多在早晨，科学依据就是大气光学的这些特征。

第二，是电影经纬仪观测物镜系统的设计，这是"150工程"能否成功的关键。在回顾中，王之江提到了这个光学设计的困难之处，他说："当时接受的任务是做导弹观测仪，要做 200 千米。长焦距的望远镜二级光谱校正不良，做出来的光学系统一般都是不理想的，虽然可以做出一个光学系统来，但是都不理想。我想，我这个 200 千米望远镜的光学系统至少应该是理想的。所谓理想，就是要做到衍射极限，因为理想本身也有一个标准，我说要做到衍射极限，就是说它的像差应该比波长明显要小，要做到这一点其实也不容易。"

同时，这个光学系统还要适应不同距离的观测需求，物镜必须能够变焦。经过思考，王之江采用一个球面反射镜与两个透镜组的组合方案，即：反射镜用球面反射镜，因为当时想用非球面做的可能性比较小，球面是比较容易掌握的，能做得好的，再用一个负透镜把焦距拉长，然后用一个正透镜把这个像校正，用这样一个方式可以把二级光谱消除，有可能做到比较高的质量。

这个设计是一种透射系统，最容易产生高级色差，王之江根据自己创立的高级像差理论，论证了负透镜组加上正透镜组组合的设计方案可以消除高级色差。"150 工程"研制出的电影经纬仪的观测实践证明，王之江这个设计非常成功。在这个装置中，为适应不同距离观测的需求，王之江设计了焦距不同的五个观测物镜，其中焦距为 10 米的物镜是最常用的。观测实践显示，焦距 10 米的光学系统的高级像差、高级色差都已被完全消除。王之江本人对这个设计非常满意，回顾这段历史，他说："这个设计是可以申请专利的，它是用一个球面的反射镜，跟两个透镜组组合起来，既能达到各式各样的焦距，又没有二级光谱。"

光学系统的设计完成后，王之江就把具体的光线计算交给了薛鸣球去做，他自己又转向了激光研究。

"150 工程"大型电影经纬仪服役 20 多年，精确测量了各式导弹的飞行轨道参数，满足了导弹试验的迫切需要，为我国国防建设作出了卓越贡献。需要指出的是，1965 年启动的"718 工程"——"远望一号"远洋测量船上测量导弹再入大气层飞行轨迹的光学系统，采用的是"与原大型经纬仪（150 工程）相同的光学系统，口径为 350 毫米"。从这个意义上说，王之江也是我国"两弹一星"的功勋之一。1987 年，以"150 工程""718 工程"等系列靶场光测设备为主要内容的"现代国防试验中的动态光学观测及测量技术"项目荣获国家科学技术进步奖特等奖，王之江因贡献突出也获得了这项奖励。

"150工程"大型电影经纬仪的研制成功,表明中国已具备独立研制国家急需大型综合性精密光学仪器的能力,也是中国应用光学学科建立的重要标志之一,象征着中国几代人的应用光学技术强国梦想真正实现。

研制红宝石激光器，开创中国激光科学事业

在1958年的"大跃进"期间，王之江和邓锡明等一批年轻科研人员为响应国家的号召，还开展了当时处于国际最前沿的激光研究，由于当时世界上第一台红宝石激光器还未诞生，该研究不是长春光机所的规划课题，是由邓锡铭、王之江等一批年轻科技人员自主开展，没有经费支持，曾被称为"黑题目"。

1958年，为响应毛泽东提出的"破除迷信、解放思想、敢想敢说敢做"的号召，长春光机所团支部书记邓锡铭组织开展了一系列读书报告会，集中讨论如何破除迷信、解放思想，做出过去不敢想、不敢做的科学研究。其时，长春光机所开展的是应用光学研究，并且在研究过程中遇到了诸如红外探照灯的有效照明距离能否从800米提高到5000米等难以解决的实际问题，因此，研究人员通过读书报告会活动对经典光学的一些原理进行了深入思考，比如为什么光源亮度只能减弱而不能提高、光束总是趋于发散而不能会聚、像素总是趋于模糊、波长只能变长而不能变短等，试图找到打破常规的科学方法来解决这些问题。中国的激光研究就是始于对这些问题的思考。

在报告会活动中，王之江、王乃弘、顾去吾等一批年轻的科技人员针对他们在应用光学研究中遇到的光源亮度只能减弱而不能提高等问题进行了深入探讨,试图找到打破常规的科学方法来解决这些问题,并由此产生了一些创新的物理思想。

针对当时光源强度不够大的问题,王乃弘提出了改进光源的设想。他在《光学的发展》一文中写道:"解决以上一系列问题无疑将在光学领域中引起一场真正的革命。依靠宏观、唯物地研究光与物质相互作用看来没有指望。解决的途径必须利用量子力学的方法微观地研究光与物质的相互作用……可以设想最强的光源是由于全部粒子都处于高能级而几乎同时跃迁到正常态所产生的光脉冲。"

针对光波长只能变长而不能变短的问题,王之江等人对光波的可能变频方式进行了思考。他们认为,光波和无线电波同样是电磁波,无线电波可以进行放大、变频、外差、列阵等技术操作,光波也应该可以进行类似的技术操作。为此,他们首先对无线电波和光波发射源的发射方式和性质进行了对比,然后对介于二者的微波发射方式进行了探讨,以期找到光波变频的方法。通过对英国军方研制雷达过程的深入研究,研究人员掌握了微波发射器——磁控管的工作原理,理解了磁控管的作用是强迫自由电子在周期性磁场中运动。基于微波的产生机制，王之江曾提出低能自由电子在介质或光栅等慢波结构中运动产生光波的创新思想。虽然这种设想目前因技术原因尚未实现，但20世纪70年代高能自由电子激光的成功无疑证明了这种创新思想的可行性。

对于光波的产生，研究人员注意到原子发光寿命不仅与原子自身有关，还与限制原子辐射的空腔有关，顾去吾在此基础上于1958年年底提出了在F-P干涉仪（法布里-珀罗干涉仪）内延长原子发光相干长度的设想。

当时，中国科学院电子学研究所（简称电子所）黄武汉小组已率先在国内开展了固态微波量子放大器研究。通过中国科学院组织的学术会议，长春光机所的研究人员了解到黄武汉研究组的这项研究，并探讨了微波量子放大器的工作方式延伸到光波频段的可能性。

研究人员的这些思考与当时国际上的研究热点——光量子放大器（Laser，即激光器）的内容非常接近。激光器研究是随微波量子放大器研究的进展而产生的，后者是20世纪50年代国际上学术研究的热点之一，其物理思想是由美国科学家汤斯（C. H. Townes）、苏联科学家巴索夫（N. Basov）和普罗霍罗夫（A. Prokhorov）

分别独立提出的。1954年，汤斯研究组成功运转了国际上首台氨分子量子放大器。1958年，萧洛（A. L. Shawlow）和汤斯在论文 *Infrared and optical masers*（《红外和光量子放大器》）中提出了光量子放大器的基本原理，将微波量子放大器研究由微波频段扩展到光波频段，拉开了激光研究的序幕。由于当时中国处于十分封闭的状态，基本没有国际学术交流活动，了解国外学术动态的唯一渠道是发行到国内的国际学术刊物，地处东北的长春光机所更加闭塞，直到1958年年底研究人员才通过电子所黄武汉的研究了解到这项基础性研究。

1958年年底，在探讨微波量子放大器工作原理的过程中，长春光机所研究人员看到了《红外和光量子放大器》一文。由于他们此前关于改革光源的思考与该论文提出的科学思想非常接近，比如王乃弘提出的"设想最强的光源是由于全部粒子都处于高能级而几乎同时跃迁到正常态所产生的光脉冲"，实际上让处于某一高能激发态的电子同时向一低能级跃迁就是激光的工作原理；而顾去吾提出要在F-P干涉仪内延长原子发光相干长度，萧洛和汤斯在论文《红外和光量子放大器》中提出的实现光量子放大的平行平板谐振腔结构的主体就是

F-P干涉仪。因此，研究人员很快就领悟到了这篇论文的精髓，并在梅曼的第一台红宝石激光器诞生之前就开始了激光器的研制工作。

由于研究激光的最初动机产生于"大跃进"期间的读书报告会活动，王之江认为第一台红宝石激光器其实是"大跃进"运动的成果。同时，王之江也肯定了"解放思想、破除迷信"的积极意义。他说："其实'大跃进'有一个精神还是对的，就是'破除迷信、解放思想'。因为，一般情况下人容易被过去的轨道所束缚，在一个老轨道上走最容易，让你离开当前的轨道其实是不大容易的，所以'破除迷信、解放思想'其实还是蛮对的。这个跟胡适的一个思想是一样的，就是'大胆假设'，但是胡适加了一条，要'小心求证'。大胆假设，不要当成真的，你要小心求证。所以，'破除迷信、解放思想'之后其实再加一条就好啦，就是'尊重科学、研究规律'。"

实际上，当时王之江等一批年轻科技人员在"大跃进"期间既做到了"破除迷信、解放思想"，也没有违背科学规律，所以才有"八大件"、红宝石激光器等一系列显著成果的获得，长春光机所因而也成为当时国内科技界"大跃进"运动的典范。但是，红宝石激光器研究与"八大件"的研制有所不同，前者是邓锡铭、王之江等一批年轻科技人员自主开展的一项研究，属于"黑题目"，而"八大件"是长春光机所第二个五年规划中的课题，因此红宝石激光器研究只能在业余时间开展，而且没有课题经费。同时，红宝石激光器研究也没有得到时任所长王大珩的大力支持。

关于不支持红宝石激光器研究的原因，王大珩在自传《七彩的分光》中有过说明。在自传中，王大珩坦承，当王之江提出要研制红宝石激光器的设想时，他虽然不反对，但并没有给予王之江更多的支持，其中一方面的原因是他当时把主要精力都放在了大型国防科研项目"150工程"上了；另一方面，是他没能及时看出激光这一新兴学科的发展前景，直到王之江研制出红宝石激光器之后才意识到这一新兴学科具有很广阔的发展前途，才开始给予这项研究以大力支持。

虽然王大珩不怎么支持，但是这个"黑题目"得到了长春光机所党委的大力支持，并及时得到了所里各个支撑部门的大力协助，最后才得以成功研制出来。

至今仍让王之江庆幸的是，研制红宝石激光器是一个"黑题目"。他说："对我们来说，大概最好的就是没有课题，工作都是自己进行，否则一切都按计划进行，这个题目就做不出来了。当时我们实验做出来以后才有课题，实验做出来之前是没有课题的，所以，假如所有事情都按计划进行，肯定是弄不好的，因为计划多数情况下都是已经落后的。"

1960年年底，王之江完成了红宝石激光器的实验方案，为红宝石激光器的研制奠定了理论基础。很多人认为，对王之江等人研制的红宝石激光器的研究进程影响最大的应该是梅曼那台红宝石激光器，而实际上对他们的研究影响最大的，其实不是梅曼的工作，而是萧洛和汤斯的文章。

谈及萧洛和汤斯的文章《红外和光量子放大器》的影响，王之江说："当时萧洛和汤斯的文章，对我们来说，最大的影响就是光是有可能放大的，因为在这之前，光只可能衰减，不可能放大。原来我们对这种事没有接触，也没有想过有这种可能性，所以这是对我们影响最大的地方。现在来看，爱因斯坦1916年提出辐射理论，其实他已经预见到光的受激发射，但是这件事一直没有被人们发现，直到萧洛和汤斯提出来，人们才知道光有可能做受激发射。"

同时，王之江也肯定了梅曼的工作对他们研究进程的影响。他说："梅曼的工作对我们也有很大的影响，因为他已经做出来了。他做出来了,我们就想想我们该怎么做,这期间我们也有过一些读书报告会。最后是在讨论梅曼的工作之后,我写了一个实验方案,这个方案是成文的,在报告会上报告过,而且有档案。"

虽然受到梅曼那台红宝石激光器的影响,但由于当时我国的技术条件差,连脉冲氙灯都不能生产,跟踪仿制梅曼的那台激光器并不具备条件,因此王之江从光学的基本原理出发,于1960年年底设计出具有中国特色结构的激光器实验方案。

选择合适的激活介质是研制激光器的关键一步。虽然看到了梅曼的成功,但对于选择红宝石作为中国第一台激光器的激活介质,长春光机所的研究人员有自己的独立判断。他们认为:第一,红宝石有U和Y两个吸收带,可以以很高的量子效率把能量转移到B线的上能级,非常适合作激活介质;第二,由于当时中国的工业基础薄弱,能够提供的激活介质材料很少,很难获取合适的材料,而电子所刚好能提供红宝石晶体。

虽然国外对红宝石的物理性能进行过大量研究,但是电子所提供的红宝石晶体原是用作轴承的,杂质较多,因此研究人员在拿到红宝石晶体后又重新对其性质、性能进行了深入分析。在理论方面,谭维翰在红宝石的位形与无辐射跃迁概率，红宝石铬离子的吸收光谱，红宝石中锐线 B、S 与 R 的能级及其分裂和基态的分裂三个方面进行了计算。在实验方面，张佩环用化学方法测定了红宝石中 Cr_2O_3 的含量，龚再仲等用 X 射线观察了红宝石的内部结构，吕大元、余文炎等人在红宝石 R 荧光线的基态分裂、S- 系吸收、R 荧光光谱的温度位移等方面进行了实验探索。这些工作是研制第一台红宝石激光器的基础。

脉冲氙灯是激光器的泵浦源，由于当时国内尚无生产氙灯的厂家，研究人员只好从脉冲氙灯的设计工作做起。当时国外流行螺旋状氙灯，梅曼的第一台红宝石激光器采用的就是螺旋状氙灯，王之江在设计氙灯时没有盲目仿制，而是从应用光学的基本原理出发，认为螺旋状氙灯的效率低下，于是将氙灯设计成直管状。他说："使用螺旋状氙灯的目的是保证光射到宝石中。实际上，一个光源发出的光只有少量能照射到宝石中，灯的有用尺寸不能超过宝石棒，所以，国外使用的螺旋状氙灯实际是个半废品。假如不懂这个基本的光学规律，我们可能会去模仿，但我们懂得灯的尺寸不能超过宝石棒的尺寸这个道理，知道螺旋灯是没有用的，所以，我们制作了直管状的脉冲氙灯。"

将氙灯设计成直管状还有一个重要原因，是螺旋状氙灯需要的电压高，要求电容量足够大，当时我国的技术设备还不能达到这样的要求。氙灯的直管形式很快得到了激光学术界的广泛认同，其后国际上大多数固体激光器都采用直管状氙灯作为泵浦源。

照明系统是激光器能够成功运转的核心组件之一，王之江在20世纪50年代主持过很多光学仪器的光学设计，因此他在照明系统的设计中充分发挥了这方面的专长。

梅曼的第一台红宝石激光器的照明方式采用椭圆漫射照明，其后这种照明方式在国外非常流行。王之江经过光学设计理论分析，认为在不用照明、漫射照明、成像照明三种照明系统中，成像照明系统的效率比漫射照明方式更高。针对当时国外流行的多灯多椭圆柱的照明方式，王之江根据照度与亮度的基本关系认为，当激活介质和灯的直径一样大时，采用多次光学成像方法提高光源亮度比采用光源重叠的方法更有效。因实验所用的红宝石仅30毫米长，王之江认为，对于这种不太长的宝石，球形成像照明系统比椭圆照明系统更有效率。

综合以上几个因素，王之江设计出球形成像照明装置。后来的实践证明，这样的球形成像装置可实现比梅曼的椭圆漫射照明装置更高的效率，是中国第一台红宝石激光器能够成功出光的关键因素之一。

谐振腔是实现光量子放大的关键部位。由于王之江没有量子电子学的学术背景，对谐振腔理论不熟悉，在设计谐振腔时遇到了前所未有的困难。同时，由于该课题研究是邓锡铭、王之江等几个青年科技人员自发组织开展的"黑课题"，只能利用业余时间开展工作，也没有研究经费，因此王之江"在做整机实验方案设计时有压力，花了很多时间去读一些文章和资料"。

通过学习，王之江接受了萧洛和汤斯提出的平行平板反射谐振腔理论，决定将红宝石的两侧加工成平行平板的形状并镀上反射膜，以达到控制波形数的目的。

激光器实验方案确定后，研究人员于1960年年底开始了激光器的研制。由于当时中国的工业基础落后，没有现成的商业器件可用，所有器件都需要自己动手加工，同时课题也没有经费支持。"因为没有课题，不能用正式的科研课题经费来做这件事，所以实验条件其实是非常差的。虽然没有课题经费，但是所里面的计划处还是很支持这件事的，所有的加工都可以进行。但组织加工不是我做的，中间做灯，还有买材料，这些事情都是计划处做的。"王之江回忆时这样说。

因此，这项研究虽然是"黑题目"，但得到了当时长春光机所党委的支持，器件加工与制作的很多工作——从材料准备到器件加工再到进行实验等各个环节的准备，都得到了计划处孙功虞的大力支持。

在激光器件的加工过程中，研究团队遇到的最大挑战是氙灯的制作，其中技术难度最大的是氙灯钨极与石英的封接。钨极是金属材料，膨胀系数很大，而石英的膨胀系数很小，将它们封接成为一个整体非常困难。这个难题是靠杜继禄人工吹制的过渡玻璃并通过他高超的焊接技术解决的。过渡玻璃是由膨胀系数相差无几、软点近似的多种玻璃以精细的梯度焊接法焊接而成的，具有不因受热膨胀或冷却收缩而炸裂的特性，通用于两种玻璃之间。由于脉冲氙灯的工作温度很高，且过渡玻璃距电极很近，过渡玻璃的吹制必须达到非常均匀的程度。为了做成过渡玻璃，杜继禄选择了数种玻璃，包括将从上海市中央商场买来的一个硬玻璃盘砸碎，混合成 23~25 种膨胀系数不同的过渡玻璃。二十多种过渡玻璃的焊接空间很小，且彼此的顺序不能有错，还要考虑钨电极本身的膨胀、氧化问题，所以，焊接需要非常高的技术。杜继禄运用其高超的技术完成了二十多种过渡玻璃的吹制与焊接工作，成功封接出国内第一支高功率石英管壁钨电极脉冲氙灯。这套氙灯封接工艺后来被国内激光技术界沿用了几十年。

除氙灯制作的工艺困难外，氙气的供应也是一个问题。当时国内没有氙气的需求，既没有生产氙气的厂家，也没有从国外进口、售卖氙气的商家。为了找到氙灯制作所需的氙气，采购员走遍了半个中国，终于在一家灯泡厂的库房里找到了1949年以前遗留下来的仅存的几瓶氙气，氙灯的制作才得以最后完成。

氙灯的实验工作主要由汤星里完成。作为激光器的激励光源，氙灯的发光效率对激光的输出有着至关重要的影响。为了找到脉冲氙灯的发光效率与灯的管径、长度、电极形状及其材料、充气种类、电容、电压、电阻、电感等物理特性之间的关系，汤星里等人先从理论上计算了上述物理特性可能对发光效率产生的影响，再通过大量的实验来验证是否符合理论推导。实验中，许多测试是连续几百次进行的。在大量实验的基础上，他们找到了脉冲氙灯发光效率的影响因素，为氙灯的制造提供了可靠的实验数据。

红宝石激光器实验比设想的要困难得多。由于实验所用红宝石是由苏州一家宝石厂生长出来用作轴承的，在均匀性、透射率和散射颗粒方面与国外的宝石相差较大。红宝石晶体缺陷的存在，使得光子损耗率的实际值与根据平行平板谐振腔理论推导的理论值有较大差异。红宝石内部的不均匀，导致其中的光波由平面波变成曲面波，也不再适用于平行平板谐振腔理论波形的计算。王之江通过光学检验发现了实验所用红宝石的缺陷后，决定将宝石加工成两面不平行的不规则形状，以补偿其内部的不均匀性，满足谐振腔内部光程的需要。加工结束后，王乃弘用冷阴极溅射法在宝石棒的两端涂镀了银膜，其中一端全镀银，另一端镀银面透射率在 2%～15% 变动。

1961 年 7 月，经过各方面的共同努力，中国第一台红宝石激光器终于装机成功。装置外面是两个球面半径为 60 厘米的反射半球，灯和红宝石置于封闭反射球面的共轭位置，利用共轭成像原理将脉冲氙灯成像在红宝石上，球面的反射聚光可使红宝石浸在氙灯的反射像中。后来的实验证明，整个装置的效率很高。为确保实验能够顺利，王之江对装置的很多细微之处都做了精心设计，例如为了防止氙灯的照射烧毁银膜，特地加上了一个小铜帽。

1961 年 7 月，红宝石激光器进行第一次运转，研究人员就看到了荧光现象,但真正输出激光是在1961年9月。该年9月的一天,王之江因感冒在家,汤星里、邓锡铭等人继续在激光器装置上进行实验探索。他们在实验中发现,当光源功率逐渐增大时,在原先基本均匀的红色光斑内,出现了一些类似牛顿环的干涉条纹,这标志着红宝石由自发辐射过渡到受激辐射,装置真正输出激光了。

由于研究人员此前只看到过原理性的一两篇文章和几条新闻报道,并不了解光受激发射振荡阈值在实验上的表现,不知道荧光强度曲线产生什么样的变化才是达到临界振荡的标志,所以,上述实验现象是否标志着激光正式产生,他们不敢作出肯定的判断。回忆当时的情形,邓锡铭回忆道:"尽管我们不是世界上第一次尝试,但除了原理性的一两篇文章,当时只看到过一两条新闻报道。要在我们自己的实验技术基础上把一种全新的设想变成现实,确实是不容易的。当时对光受激发射振荡阈值在实验上的理解也不清楚,谁也没有见到过荧光强度曲线产生什么样的变化才是达到临界振荡的标志。……要知道,开始时刚达到振荡阈值条件,任何一点疏忽都会导致总体实验的失败。而要找出毛病所在,在当时也绝非轻而易举,甚至已经出现激光,仍旧半信半疑。记得有一次王之江感冒在家,我和担任主要实验工作的汤星里到他家讲了当天的实验情况,他作了肯定性的判断。接着,又从示波器屏上的荧光曲线观察到有一处突出的尖峰,同时拍摄了近场、远场照片,记录了F-P干涉环,才最后确定实现了激光输出。"

为判定装置输出的是激光,研究人员用仪器进行了检测。示波器显示,发光弛豫机构先由指数式衰减转变为雪崩式衰减,再转变为指数式衰减,这样的发光衰减过程表明装置确实输出了激光。远场的衍射图样以及F-P干涉环显示,输出光线已充分表现出激光所特有的方向性、单色性等特点。经光电管和冲击检流计测定,激光器输出激光的能量数值是0.003焦耳。这些测定证实了装置输出的确实是激光。

因当时长春光机所条件所限,氙灯所用电容只有2660微法,太小,所以激光器的输出能量只有0.003焦耳,若电容再小一点,或者装置效率稍低,实验都很难成功,因此这台红宝石激光器的成功有很大的运气成分。正因如此,王之江在回顾这段历史时仍感到非常庆幸,他说:"实验最后是看到激光了,但是光的能量非常小,只有0.003焦耳,是什么原因呢?主要是电源做得非常小，当时电源所用的电容器都是电子实验室里退库的，电容量很小，所以放电量很小。当时的实验条件很差，能做出这个东西，现在来看，其实有很大的运气，再差一点就做不出来了。"

中国第一台红宝石激光器能够有这样的运气，主要源于激光器的创新结构。与梅曼研制的激光器相比，中国的这台激光器有诸多创新之处：脉冲氙灯不是采用梅曼的螺旋状结构，而是采用直管状；照明系统不是采用梅曼的椭圆照明，而是采用球形共轭成像照明，因而性能更优越。只用了一支较小的直管氙灯，其尺寸同红宝石棒的大小差不多，用高反射的球形聚光器聚光，使红宝石棒好像泡在光源（氙灯）的像中，所以效率很高，只用了很小的能量就实现了装置的激光输出。

1961年11月，《科学通报》刊载了邓锡铭、王之江撰写的论文《光量子放大器》，第一次在国内学术刊物上系统介绍了激光的工作原理、基本特性以及应用前景。激光学术界通常把中国第一台红宝石激光器的成功运转和《光量子放大器》论文的发表作为激光科学在中国开创的标志。

利用第一台红宝石激光器打下的技术基础，长春光机所很快实现了多种激光器的成功运转。1962年，刘颂豪等人成功研制出 CaF_2：U^{3+} 激光器；1963 年 6 月，干福熹等人成功研制出钕玻璃激光器；1963 年 7 月，在电子所的协助下，邓锡铭等人成功实现中国第一台 He-Ne 气体激光器的运转；1963 年 12 月，王乃弘与中国科学院半导体研究所的王守武几乎同时独立研制出 GaAs 半导体激光器；1964 年年初，刘顺福等人研制出 Nd^{3+}：$CaWO_4$ 激光器。在这些进展中，1963 年 4 月干福熹等人研制出的钕玻璃激光器是用姜中宏制成的棒状钕玻璃替换中国第一台红宝石激光器装置中的红宝石完成的。在短短的几年内研制出这么多种激光器，这种状况被长春光机所的研究人员形象地称为"满堂红"。不仅是激光器，在激光的单元技术方面，长春光机所也取得了重要进展，如脉冲氙灯的制作、激光高反射膜的研制、激光红宝石晶体的生长等都取得了突破。这些进展离不开中国第一台红宝石激光器研究奠定的技术基础。

在第一台红宝石激光器成功运转后，中国科学院于 1962 年 1 月在长春组织召开了第一次全国激光学术会议。在这次会议上，王之江作了《光量子放大器的实验方案》和《红宝石光量子放大器》两个报告。由于他们研制红宝石激光器成功的消息在会议召开之前处于保密状态，王之江的报告引起了与会人员的热烈讨论。

实际上，激光器的物理机制源于1916年爱因斯坦提出的原子受激辐射的物理思想，1928年德国物理学家莱登伯格（Rudolf Ladenburg）从实验上证实了受激发射的存在，因此从原理上看，激光器的发明本可以早些时间完成。研制出世界上第一台氦氖激光器的美国科学家杰万（Ali Javan）有一次半开玩笑地说，可惜他没有出生在20世纪30年代，否则激光器早就被他发明了。之所以到20世纪60年代激光器才被发明，主要是因为早期的技术支撑水平尚未达到。据参加该次会议的林福成回忆："在1961年，王之江先生等一批二三十岁的青年人，研制成功我国第一台红宝石激光器，他们当时的环境甚至还达不到欧美30年代的水平"，几乎没有人相信他们那时能成功研制出红宝石激光器。所以，王之江的报告很自然地引起了大家的热烈讨论，回顾当时的情景，王之江说："在这次全国激光会议上，我作了两个报告，第一个报告是红宝石激光的设计方案，第二个报告是实验结果。在上午报告结束之后，大家还在议论中国能不能做出激光器，下午我们就报告激光器已经做出来了。所以，当时我们做的这个激光器是超出了大家的想象。其实做出来之后，很多人还怀疑中国的技术条件能否做这个激光器。"

邓锡铭在《我国激光的早期发展（1960—1964）》一文中也有类似的描述，指出在这次全国激光会议上，参会人员对王之江的报告进行了非常热烈的讨论，探讨当时国内是否具备发展激光这门新技术的物质技术基础，询问王之江报告的激光研究是处在调研文献阶段还是真正着手做了，在当天下午王之江演示了红宝石激光器实验之后，这种争论才真正结束。

因此，这次会议，通过理论和实验的论证，解决了中国开展激光技术的研究是否具备了条件，消除了一些人的思想顾虑，推动了中国的激光科研迅速发展。会后，在长春光机所的带领或协助下，国内一些研究机构也纷纷开展激光研究，并且取得了可喜的成果。会议结束后，电子所的黄武汉很快就从微波量子放大器的研究转到激光方向。1962年12月，电子所成立了气体放电研究室，重点进行气体激光研究，并且于1963年7月与长春光机所合作完成了中国第一台He-Ne气体激光器的研制工作。不久，电子所又相继成功研制了纯Xe与He-Xe气体激光器、He-Ne气体激光器（不同激励）。1964年10月，电子所万重怡领导完成了脉冲氩离子激光器的研制工作。中国科学院物理研究所的激光相关研究工作始于1961年，他们刚开始是进行共轴汞灯的设计研究，1962年转向同轴脉冲氙灯的研究并很快取得了成功。1962年9月，徐积仁、张遵逵、张志三3人利用张乐慧生长的红宝石晶体实现了激光输出，观察到红宝石激光振荡。1963年12月，中国科学院半导体研究所王守武等人成功研制出77 K GaAs半导体激光器。同时，北京大学、清华大学、复旦大学等都相继开始了激光研究。国内的激光研究逐步由中国科学院系统走进包括高校在内的其他系统，呈现出良好的发展趋势。

策划"死光"武器研究，筹建上海光机所

由于中国第一台红宝石激光器初始运转时的输出能量很低,仅0.003焦耳,所以在随后的实验中围绕提高激光器输出能量这一目标,王之江带领研究团队对红宝石激光器装置进行了多方面的改进,并于1963年成功将红宝石激光器的输出能量提高到10焦耳量级,并在实验中成功击穿了钢尺,显示了激光作为武器应用的巨大潜力,并由此拉开了中国"死光"武器研究的大幕。

在这个过程中,为提高红宝石激光器的输出能量,研究人员根据他们实验中出现的现象对谐振腔的结构进行了有针对性的改进,最终设计出了效率很高的半外腔结构。1961年以前,国外都是把高反射膜直接涂在激活介质棒的两个端面上,把谐振腔设计成平行平板反射内腔的形式,中国第一台激光器谐振腔最初的设计也是这样。在成功实现激光输出后,研究人员发现,红宝石两端的银层反射膜因激光的产生出现了蒸发现象,并且当两端中心银层蒸发后,振荡阈值会显著增加。研究人员认为,振荡阈值的增加是因为某些波形的能量通过小孔输出而形成的,这时研究人员看到了国外采用银层中心留小孔的方法来耦合输出能量的方法,梅曼就是用小孔耦合输出的。研究人员认为,由于小孔区反射率小于其他区域,这种波形的Q值低于腔内其他振荡波形,而

高 Q 值振荡的波形并没有输出，因此采用银层中心留小孔的方法振荡阈值高、效率低。经过思考，邓锡铭提出，红宝石谐振腔两端的反射面不再采用镀多层反射膜的方式，而是由外置全反射棱镜替代，这样不仅能满足延长光子在谐振腔中寿命的需要，还解决了涂镀反射膜给红宝石整修带来的不便，也避免了因银层蒸发损坏而引起的实验参数变化对实验的不利影响。稍后，他们从国外的报道中看到了类似的设计。于是，研究人员决定用两个外置全反射棱镜作为谐振腔的两个反射面，但在实现谐振腔内光波的等光程时，棱镜与宝石之间相对位置的调整又成为一个新的难题。通过不断摸索，课题组发现，红宝石表面镀 MgF_2 时可使反射小于 1%，而当宝石表面反射很少时，器件间相对位置的调整变得并不重要。于是，课题组设计出一个由反射膜和全反射棱镜构成的谐振腔，即所谓的半外腔结构。在改进谐振腔的过程中，邓锡铭还独立提出了控制谐振腔品质因数（调 Q 技术）的方案。

由于谐振器的加工一直离不开镀膜工艺，长春光机所的镀膜工艺也因这台激光器的研制而迅速成熟起来。对此，王之江说："镀膜这个事情，我们开始做激光的时候，长春光机所做镀膜的技术也不好，也是刚刚开始，所以我开始做激光器的时候,镀的是银膜,不是介质膜,很容易损伤。但是,要提高激光器的效率,用银膜肯定做不出来,所以后来就镀多层膜,但是镀多层膜也不好,于是就用多块的玻璃平板来代替多层膜,这都是因为镀膜技术不成熟的缘故。后来镀膜的技术很快就解决了,以后基本上都是靠镀膜。"

为了获得大能量的激光输出,研究生沈冠群对氙灯输入能、谐振腔的结构、电容量、介质膜透过率、宝石棒的光学质量等工作参数对输出能量的影响进行了大量实验探索。沈冠群是王之江指导的最早的两位研究生之一,最初挂名在王大珩名下,上海光机所成立后,正式成为王之江的研究生。1962年,沈冠群刚到长春光机所就被王之江安排开展红宝石激光器的实验工作,通过实验,他们获取了可靠的实验参数,并在实验中实现了能量达到1焦耳的激光输出。在了解了激光输出能量的关键影响因素后,他们通过用另一个红宝石作为能量和功率放大器、加大有关器件尺寸以增大输入功率和能量、降低工作温度三种途径来提高激光器的输出能量。经过改进的激光器,室温下输出能量达到5焦耳。这时,他们发现输出端的多层介质膜容易损坏,于是采用不同厚度和间隔的几块平行的平板玻璃代替部分反射膜(也是国际上最早），获得了良好效果，在零下10摄氏度时，激光器输出能量达到10焦耳。由于当时中国的技术支持水平非常低下，没有开展低温实验的制冷设备，零下10摄氏度的低温实验是在天然的地下冰库中进行的。

1963年春，在王之江的指导下，沈冠群将红宝石激光器的输出能量由最初的0.003焦耳提高到10焦耳，输出功率达到10千瓦量级，并在实验中成功击穿了钢尺，显示了激光作为武器破坏目标的可能性。与此同时，研究人员还听到了苏联正在搞激光武器的一些报道，说赫鲁晓夫的办公桌上放着一个用激光打了孔的钢尺。同时，他们还听闻美国科学家已开展激光武器研究，美国人更是把潜在的激光武器称为"死光"武器。在这样的背景下，邓锡铭等人决定将红宝石激光击穿钢尺的实验报告到中国科学院，以引起国家领导人的关注。红宝石激光取得的这些进展很快引起了国家领导层的关注与重视，并很快促成了中国第一个专门研究激光的研究所——中国科学院上海光学精密机械研究所（简称上海光机所）的建立。

实际上，激光诞生后，世界各国都非常重视其应用研究。在激光的应用研究方面，美国的进展很快。1960年美国研制成功第一台红宝石激光器以后，就在许多方面展开了应用研究，涉及激光测距、激光雷达、激光导航、激光跟踪、激光通信、激光武器、激光医学、激光工业打孔、激光切割等方面，并取得了一些成果。其中最引人注意的是美国的激光武器研究。激光武器，通常被称为"死光"武器，美国官方称为"定向能武器"，是一种利用高能激光进行反弹道导弹的战略性防御武器。

我国自第一台红宝石激光器出光后，在激光武器方面也做了初步的探索研究。1962年，王之江带领研究人员将红宝石激光器输出能量提高到了0.1焦耳，并用聚焦的激光烧穿了刀片；1963年，他们将红宝石激光器输出能量提高到了10焦耳，并在实验中击穿了钢尺。这些实验证明了激光作为辐射武器的可能性。为展示这一时期的成果，1963年7月，中国科学院在长春组织召开了第二次全国激光学术会议。会议期间，王之江作了《二年来受激光发射研究的进展》报告，他的研究生沈冠群报告了红宝石激光击穿钢尺的实验。

会议期间，陪同朝鲜科学院代表团参观长春光机所的中国科学院党组书记、副院长张劲夫观看了红宝石激光器的演示实验后，了解到激光作为武器的潜在可能，鼓励研究人员要加快激光研究，并指示："发展这门新技术要考虑一些非常措施"。在这样的背景下，成立一个专门研究激光的专业机构的意向很快就形成了。对此，沈冠群在回忆这段历史时说："1963年7月召开量子电子学会议以后，王之江、邓锡铭他们就有要做激光武器的打算，想把激光部分的工作迁到上海来。"邓锡铭、王之江先是把他们的想法直接上报到了中国科学院副院长张劲夫那里，策划成立上海光机所专门研究激光。同时，邓锡铭还将此事上报到了国务院副总理兼国家科学技术委员会、国防科学技术委员会主任聂荣臻元帅那里。

1963年8月，经长春光机所领导班子认真筹划，邓锡铭、王之江等人带着红宝石激光器和氦氖激光器赶赴中国科学院院部，院党组书记、副院长张劲夫陪同聂荣臻元帅观看了激光演示。在演示现场，邓锡铭、王之江将用红宝石激光束打了孔的钢尺递给聂荣臻，并汇报说几天前苏联部长会议主席在一次记者招待会上展示了一把被激光束打了洞的钢尺，以显示苏联科技的力量，今天展示的是用我国的激光束打了洞的同样的钢尺。聂荣臻元帅观看后十分高兴，并就建立专门的激光研究机构作出指示："在上海建所为宜，可以充分利用上海的工业基础，加速发展激光技术。"

1963年9月16日，中国科学院专门组织召开"受激光发射工作会议",会上,王大珩作了《加强激光研究,建立专门研究机构的若干建议》的报告,建立专门进行激光研究的研究所的工作正式进入国家领导层的议程之中。

1963年9月底,根据聂荣臻副总理的指示和中国科学院的部署,王之江、孙功虞和牛汉民在结束中国科学院院部的激光演示后直接奔赴上海,开展激光应用研究的宣传活动,为在上海建立专门的激光研究机构做前期准备工作。到达上海后,在有关方面的安排下,王之江在上海市科技系统作了《激光应用和发展前景》的专题报告,引起了上海市有关方面对激光研究的极大兴趣。

1963年10月中旬,邓锡铭、王之江、孙功虞和牛汉民等人再次来到上海。对于再次来上海的目的,王之江解释说:"来上海做什么呢?是做一些激光演示,用红宝石激光在钢尺上打个洞,直接演示给人家看。所以,我们是带着设备(红宝石激光器)来的,这个东西不大。我们还带着氦氖激光器,做点空间通信。当时空间通信这个实验是在锦江饭店和上海大厦之间进行的。我们要用这个东西来打动上海市相关人员,希望他们能够对这个研究有兴趣,把研究所设在上海。"

在衡山饭店的红宝石激光打孔演示、锦江饭店和上海大厦之间的激光通信演示,引起了上海市领导层的极大兴趣和关注,当时观看演示的上海市委副书记曹荻秋等人表示支持在上海建立专门的激光研究机构。邓锡铭、王之江等人的激光宣传工作取得了圆满成功,上海光机所的建立开始进入实际操作阶段。

1963年10月28日,国家计划委员会副主任安志文主持激光研究规划会议,上海市委副书记曹荻秋、上海市计划委员会主任马天水等人参加会议,电子所黄武汉汇报了国外量子电子学的发展状况,并就开展激光研究提出建议。参会人员同意在上海建立专门的激光研究所,并初步确定在上海嘉定建所。会上,曹荻秋承诺,若在嘉定建所,上海市委一定大力支持。1963年11月30日,中国科学院向国家科学技术委员会、国家计划委员会上报了《中国科学院报光机所上海分所设计任务书》。

需要强调的是,激光研究也得到了国家领导人毛泽东的关注和支持。1963年12月16日,毛泽东在听取国务院副总理兼国家科学技术委员会主任聂荣臻汇报十年科学规划时说:"死光(即激光),要组织一批人专门去研究它。没有成绩不要紧。军事上除进攻武器外,要注意防御问题的研究。"

在毛泽东、聂荣臻等国家高层领导的指示下,国家计划委员会、国家科学技术委员会于 1964 年 1 月 11 日批准了《中国科学院报光机所上海分所设计任务书》。同年 4 月 1 日,中国科学院下达文件,要求光机所上海分所自 4 月 1 日起在上海嘉定开始办公,标志着上海光机所正式建立。

经国家有关部门的精心筹划,1964 年 5 月,长春光机所的激光研究人员、电子所从事固体激光研究(气体激光研究仍然在电子所)的研究人员,连同仪器设备器材陆续迁往上海嘉定,上海光机所正式成立。上海光机所成立后,其最初的研究方向是:"以光及微波受激发射光为单一方向、技术综合的专业性研究所,研究受激发射的光学与量子电子学的基本问题,着重发展光及微波量子器件及其应用,并以辐射武器的研究工作为长远发展方向之一。"其中作为长远方向之一的辐射武器研究即"死光"研究,由王之江领导开展。

超前提出激光武器亮度判据、力主终止"640-3"工程

1964年，在国家有关部门的组织下，中国科学院在上海嘉定成立了专门进行激光研究的机构——中国科学院上海光学精密机械研究所，并明确以辐射武器研究作为该研究所的长远发展方向之一。上海光机所在成立之初开展的激光武器研究是高能激光系统的研制，时称"640-3"工程，也叫100#任务，目标是利用高能激光拦截导弹。

"640-3"工程的开展与20世纪60年代美国、苏联两个超级大国的军备竞赛密切相关。20世纪60年代初期，美国、苏联两国成功研制出战略导弹，原子弹的投射能力大大加强，我国国家安全面临空前的危机，为提高我国的防御能力，国家领导层开始谋划建立可靠的战略反导机制。1963年12月16日，毛泽东主席在听取有关战略武器问题汇报时，从战略防御的角度指出："除搞进攻性武器外，还要搞些防御武器。"根据毛主席的指示，经聂荣臻、张劲夫等人认真研究，决定由钱学森负责组织开展反导弹的探索工作。

1964年2月6日，毛泽东与钱学森、李四光、竺可桢三位科学家进行座谈时，针对战略反导问题，强调："有矛必有盾。搞少数人，有饭吃，专门研究这个问题。五年不行，十年；十年不行，十五年。总要搞出来的。"

毛主席这一讲话成为我国战略反导探索的重要依据，后被称为"640"指示。

根据毛泽东的指示，1964年3月，国防科学技术委员会副主任张爱萍、钱学森主持工作会议，研究战略反导的手段，并就"640"工程任务反导体系建设提出初步意见。据参加该次会议的邓锡铭回忆，钱学森总的指导思想是三道防线，第一道防线是导弹反导弹，在100千米外解决问题；第二道防线是超级大炮散靶，40～50千米解决问题；第三道防线是强激光，30千米以内解决问题。经反复探讨，与会人员最终确定了"640"工程反导防御体系的五个组成部分：导弹反导弹、超级大炮反导弹、激光反导弹、预警系统、目标识别。会议期间，参会人员花了大约三分之一的时间讨论强激光作为防御手段的可能性，钱学森对邓锡铭说："未来的光炮，现在有设想，我亲自到展览馆看了您所的红宝石激光器，但是最终实现的光炮，可能与目前的设想面目全非，原因是技术在发展之中。"还叮嘱邓锡铭："靶场也得准备起来，一个靶场建设也得花好几年。"同年8月，"640"工程被中央专门委员会列为国家任务。

"640"工程的第三个子项目——激光反导弹，即

"640-3"工程,由刚刚成立的上海光机所承担,王之江领导开展。同时,上海光机所还开展了高功率激光核聚变的探索,由邓锡铭领导开展。因此,言及上海光机所的建所历史,通常会说上海光机所以"两大"(大能量激光、大功率激光)起家,依据即在于此。

值得一提的是,"640"工程的总指挥钱学森自激光诞生之日起就非常关注激光的发展。在中国第一台红宝石激光器诞生后的第二年,他就把发展激光写进了我国的《1963—1972年科学技术发展规划纲要(草案)》之中,其中写道:"重要的发展方向的另一个例子是受激发射,特别是受激光发射。……受激光发射,不但对基础科学会有这些影响,也将在工程技术方面,在远程飞行体的定位、探测、追踪技术上开辟广阔的前景,并为宇宙通信创造新的可能性。因此,受激发射技术的生长和发展有可能将在今后十年内,在科学技术中引起一次广泛的波澜,建立起另一门尖端技术。"而且,钱学森还是"激光"一词的最初命名人。在激光诞生初期,国内学术界对英文单词"LASER"(light amplification by stimulated emission of radiation,LASER)的翻译不统一,有"莱塞"(镭射)音译,有"光激射器""光受激辐射放大器"等意译,比较混乱,为此,钱学森在1964年10月专门写信给长春光机所创办的《光受激发射情报》杂志社时提议说："我有一个小建议：光受激发射这个名词似乎太长，说起来费事，能不能改称激光？"这一建议在第三次全国激光学术会议上得到广泛认可并被学术界采纳。

1964年5—8月，长春光机所、电子所两家机构从事激光研究的297名科研人员陆续迁往上海嘉定，"640-3"工程正式启动。作为激光科学的学术带头人，王之江是首批派往上海工作的其中一员。是年5月，王之江全家迁往上海。

初建的上海光机所共设置10个科研机构，分别是：一室，总体器件研究室；二室，光雷达光通信研究室；三室，工作物质玻璃器件研究室；四室，场致激发研究室；五室，物理光学频率转换研究室；六室，微波量子放大磁共振研究室；七室，激光光源研究室；八室，技术光学研究室；九室，电子学技术研究室；十室，基本理论研究室。此外还设有设计室。王之江任一室副主任，全面领导开展"640-3"工程的探索工作。

"640-3"工程启动初期，王之江带领团队主要围绕提高红宝石激光器的输出能量这一目标进行了艰苦探索。通过采取增大输入能量、加大工作物质长度等方式，他们于1964年年底成功将红宝石激光器的输出能量提高到了 1500 焦耳。此时，他们发现当输出能量接近 1500 焦耳时，红宝石发生了损伤，表明红宝石激光器输出能量已接近极限。与此同时，他们也看到了国外有类似报道。由于继续提高红宝石激光器的输出能量比较困难，他们开始转向钕玻璃激光研究，这是因为，当时长春光机所有很好的光学玻璃基础，很容易做出来很大的玻璃，要输出多少能量、多大功率，都能想办法做得出来，所以就放弃红宝石，转向钕玻璃激光研究。

长春光机所的钕玻璃激光研究始于 1963 年。实际上，美国学者斯尼泽早在 1961 年就利用掺钕的冕牌玻璃丝实现了钕玻璃激光输出，并在《物理评论快报》上公开了钕玻璃的熔炼配方。1963 年，干福熹看到了斯尼泽发表的论文，立即和姜中宏等研究人员跟踪这项研究。姜中宏参考斯尼泽公开的钕玻璃熔炼配方，最初只能拉制成直径 1 毫米左右的玻璃纤维，无法进行钕玻璃激光实验。为此，姜中宏通过改良玻璃配方和加工工艺，最终制成了一根长 5 厘米、直径 3 毫米、两端面垂直平行的棒状钕玻璃。之所以采用这种棒状结构，是为了将其置入王之江设计的球形激光器共轭腔中，以替换原有的红宝石棒，方便开展钕玻璃激光研究。1963 年 4

月 27 日，姜中宏利用自己研制的钕玻璃棒，在王之江设计的红宝石激光器装置中实现了我国第一台钕玻璃激光器的成功运转。因为钕玻璃棒的加长、加粗相对红宝石晶体来说要容易得多，所以在红宝石激光器的输出能量接近极限的时候，王之江带领团队转向了高能钕玻璃激光器的探索。

1964 年秋，姜中宏熔炼出一根 15 厘米长的大尺寸钕玻璃棒。利用这根 15 厘米长的钕玻璃棒作为工作物质，激光器输出能量达到了 104 焦耳，而他们 1963 年 4 月在长春光机所利用 5 厘米长钕玻璃棒完成的实验输出能量仅 1 焦耳，鉴于钕玻璃棒的熔炼加工相对容易，实验显示了钕玻璃激光器成为高能激光反导武器的巨大潜力。因此，在钕玻璃激光器输出能量达到 104 焦耳后，时任上海光机所副所长李明哲立即对王之江和姜中宏提出了新的任务指标，要求他们在 1964 年年底实现 1000 焦耳的高能激光输出。

为达到输出能量 1000 焦耳的指标要求，王之江设计了两套方案：一套方案是将钕玻璃做成片状，一片一片地串接起来；另一套方案是将钕玻璃做成圆棒串接起来。实验过程中，片状激光装置在运行过程中发生了氙灯爆炸，导致玻璃破损，没有继续开展下去；

由两组长50厘米、直径30毫米的钕玻璃棒串接而成的棒状激光装置在1964年年底成功输出了1200焦耳的激光。其后,高能钕玻璃激光器输出能量的指标要求每年提高10倍,1965年成功实现了12000焦耳的激光输出能量。

在提高激光输出能量的过程中,王之江带领团队解决了一系列技术难题。例如,在器件方面:①氙灯。采用直管状,与国外的用多个细灯(2厘米以下)达到高能输入不同,他们采用直径5厘米以上的粗灯,每米可输入电能50万焦耳/10毫秒。②钕玻璃。通过采用接棒方式降低规模,熔制成长度5米、直径12厘米的钕玻璃棒,并通过去除铂颗粒、降低铁离子杂质、钕玻璃棒外加水套等措施,提高了钕玻璃激光器的工作效率。③照明器。经对成像照明、紧包式照明及漫射式照明等照明方式的认真分析,采用对细长钕玻璃棒最合理的圆柱形近紧包式照明。④能源。建立1500万焦耳的电容能源及充电设备。⑤介质膜。通过实验,先后放弃了金属膜、$ZnS-MgF_2$高反射和低反射膜系,最后采用机械强度、抗潮解性能都很稳定的ZrO_2-SiO_2膜系。在扩大器件的同时,他们还通过钕玻璃棒侧面磨毛、加水套、棒端面磨斜等手段来提高激光器的工作效率,以提高激光输出能量。

在这个过程中，钕玻璃的损伤是他们遇到的一个非常棘手的问题。最初，提高钕玻璃激光输出能量的最为有效的手段是增大钕玻璃的工作面积——把钕玻璃棒做长、做大，但是钕玻璃受高能激光的照射非常容易发生损伤，一旦钕玻璃出现损伤，就限制了钕玻璃的工作面积，影响能量的输出。关于钕玻璃发生损伤的原因，王之江根据损伤多半出现在功率密度较高的激光输出口附近且具有点碎裂的结构性特点，推断是由玻璃中存在的铂杂质造成的。回顾此事，他说："这个损伤，第一是与功率密度有关，第二是跟杂质有关。是什么杂质呢？我们推断可能是铂金，因为是用铂金坩埚化的玻璃。当时做玻璃的人不相信，因为铂金是非常稳定的，怎么会跑到玻璃里面呢？后来经过分析，确定是铂金。这时国外也有论文发表，说杂质是铂金。"

姜中宏接受访谈时印证了这段历史，他说："引起玻璃破坏的原因有很多，王之江提出是金属引起的爆炸。当时我们都不相信，他根据计算说，玻璃之所以破坏，是由于金属受到很强激光的照射，变成蒸汽，体积变得很大，就引起爆炸。当时我们觉得玻璃不可能有什么金属，大家都反对。后来我到情报所去查，查找到美国的确也有这样一种说法，证明还是他说得对。"

实际上，铂杂质的混入经历了比较复杂的化学变化。虽然铂的熔点高达1772℃，高温下非常稳定，抗腐蚀性极强，常作为熔炼玻璃的器具，但是在长时间的高温环境中，铂仍然有少部分被氧化成氧化铂沉积在铂金器具表面，固体的氧化铂在400～500℃时会汽化成气体而混入玻璃，为维持气相平衡，高温玻璃中的部分氧化铂会离解成铂金颗粒而混入玻璃。在弄明白铂杂质产生的原因后，姜中宏先后建立了除铂工艺、无铂金全陶瓷工艺，成功去除了钕玻璃中的铂颗粒，为高能激光的发展作出了突出贡献。

1965年年底，王之江因"四清"运动被调离钕玻璃激光研究，其后一段时间领导这项研究的是总体组组长蔡英时和王之江的研究生沈冠群，仍然致力于钕玻璃激光器的能量提高探索。

1965年12月15—23日，中国科学院技术科学部在上海衡山饭店主持召开大能量激光方案论证会，国内41个单位（院内27个）76名正式代表和16名列席代表参加会议。会议讨论并拟订了1966—1970年大能量激光研究的计划，提出1970年激光输出能量要达到100万焦耳的目标。

对于当时提出的指标，王之江是不赞成的。其实，在接受"640-3"工程的任务后，王之江就对激光反导的机理进行了理论探索，并在1964年年底完成了《激光武器的可能性和现实性》一文，对激光反导的机理进行了全面阐述。回顾当时的情形，王之江说："那个时候，无论中国还是美国，对反导的激光是什么样子、要求是什么都不知道，但是有一个是看得清楚的，比如红宝石激光打钢尺，1个焦耳只能打个小窟窿，要在导弹上打个大窟窿，至少要一个很大的能量吧，这个是很明确的一件事。因此，一个很重要的工作，就是研究激光破坏的机理，激光是如何破坏的，比如打穿一个钢板需要什么条件，这个工作当时是放在重要的位置来做的。"

王之江认为，作为一个激光反导的武器，不是一个单纯的能量问题，仅提一个能量指标是不能解决问题的。在《激光武器的可能性和现实性》这篇文章中，王之江对激光反导的条件进行了全面分析。

第一是对激光破坏机理的分析。当时国外也非常关注这个工作，提出了多种激光破坏机理，经过认真分析，王之江认为，激光破坏目标的主要机理是激光烧蚀。要使激光能够烧化目标，要求照射到目标上的激光必须达到一定的功率密度（单位时间内照射到单位面积上的光能量值）。对于这个观点，王之江这样解释："它要有一定的功率密度，不是能量密度（照射到单位面积上的光能量值）。为什么不是能量密度呢？就像太阳光照在钢板上，一天到晚地晒，晒一年钢板也不会化，所以激光烧蚀目标必须有一定的功率密度。"为了搞清楚激光烧蚀需要多大的功率密度，王之江带领研究人员用红宝石激光照射钢尺，通过实验来计算激光烧蚀钢板时必须达到的功率密度，计算结果表明，功率密度要达到10^5瓦/平方厘米才能融化钢板，破坏目标。通过实验，王之江还发现，对于飞机、导弹等目标的外部不透明介质保护层，其主要破坏机理并非烧蚀，而是非线性光学效应，因此，考虑到导弹的外层保护，要实现目标破坏，激光的功率密度要达到10^8瓦/平方厘米。

第二是激光的远距离传输。激光反导是破坏几十千米以外的导弹目标，需要用望远镜把激光束扩孔后聚焦到目标上，并且要求照射到目标的激光有一定的功率密度，因为激光在传输过程中不可避免地会因大气的吸收、散射等因素而产生损耗，这就要求激光有一定的亮度（单位面积、单位频带宽度和单位立体角内发射的光功率）。因此，"激光作为武器，第一条，要有一定的功率密度；第二条，要能够远距离传输。这两条就决定了激光要达到一定的亮度才行。假使亮度达不到这一点，激光是不可能产生远处破坏的，就不能进行激光反导。这个是我在1964年年底完成的文章里提出来的，……要在导弹上达到一个功率密度，美国人到1987年才知道这个事情。1987年，美国物理学会在审查美国的定向能武器的报告时才提出有亮度问题，我们在1964年就提出来了。"王之江在回顾这段历史时这样说道。

通过计算和分析，王之江指出：要实现目标破坏，激光在目标处产生的激光能量密度要达到10^5焦/平方厘米，打击金属目标的激光功率密度要达到10^5瓦/平方厘米以上，打击陶瓷目标要达到10^8瓦/平方厘米；100千米打击目标的激光亮度要达到10^{13}焦/（平方厘米·球面度）。1987年，美国物理学家、诺贝尔物理学奖获得者布鲁姆伯根（N.Bloembergen）带领一批物理学家完成的《美国物理学会关于定向能武器的报告》同样认为，热烧蚀是实现激光反导武器的主要机理，其通过理论计算出的拦截1000千米外导弹的激光亮度与时间乘积值约为10^{14}焦/（平方厘米·球面度），这个结果与王之江1964年对激光亮度的估算是一致的。

根据理论分析和计算，王之江认为当时激光器的激光亮度距离实现反导的亮度指标还差数万倍，但美国方面经常发布已成功打下导弹的消息，这给他们的研究造成了很大困扰。回顾当时的情形，王之江说："我们在做这个工作的过程中受到的很大困扰是美国人的报道。当时他们经常报道他们的激光反导已经成功打下了导弹，我觉得导弹是打不下来的，他们说打下来了，所以我们的压力非常大。我这篇文章就提出来，在目标是1千米的时候，亮度是多少；目标是10千米的时候，亮度是多少。实际上，当时的激光跟1千米的亮度要求还是比较靠近的，超过10千米，就差得远了。作为反导来讲，10千米也不行，因为是战略反导，核弹，要几百千米。"

直到今天激光反导在全世界范围内都未实现，表明当时美国的宣传是虚假的，也证明了王之江1964年超前提出亮度指标的科学性。但是，当时绝大多数人并不理解亮度的重要性，只是基于0.1焦耳能量的激光只能烧穿刀片、10焦耳的激光能击穿钢尺等事实，片面认为只要提高激光的输出能量，就能达成激光反导的目标。因此，王之江提出要提高激光的亮度指标，不仅没有得到大家的支持，反而受到了批判，特别是"四清"工作队进驻上海光机所后。

当时，上海光机所副所长李明哲曾是长春光机所党委书记，他在长春时说一不二，长春光机所的决策基本上由他拍板。到上海后，他依然保持在长春光机所的工作作风，不怎么配合上海市的工作安排。在这种背景下，上海市派"四清"工作队进驻上海光机所，李明哲、邓锡铭等一批所领导被调离领导岗位，王之江也被迫"靠边站"，不再担任"640-3"的领导工作。在此之前，上海光机所的高能激光探索还是能量、亮度同时兼顾的，比如在红宝石激光的探索中，他们重点加大红宝石晶体的长度，但不寻求增大红宝石的直径，这种举措可以在增大能量的同时提高亮度。"四清"工作队进驻上海光机所后，大力鼓吹"上能量"，对王之江提高亮度的主张持批判态度，提高能量逐渐变成唯一追求的指标。谈及这段历史，上海光机所长期跟随王之江进行科学研究的高瑞昌说："那个时候，我刚好参加工作不久，我来的时候，下面都在批判王之江，主要是能量和亮度的问题。我个人认为，当时的'四清'工作队为了自己的功名或业绩，拼命鼓吹上能量。王之江是从科学发展的规律超前认识了亮度的重要性，这个非常关键。这一点反映出王之江深厚的光学基础和对光学理论的清楚认识，没有这个亮度，是没用的。"

当时王之江的研究生沈冠群也对王之江因为主张提高亮度而承受的压力感同身受，他说："当时要做武器了，但是做了不久，王之江先生就提出来了，主要的指标不能够单单只提一个能量的指标，必须有其他的一些指标，最重要的一个就是亮度的指标，单单凭能量指标将来作为武器是不够的，而且他不管是在领导面前还是在我们面前都阐述了这个事，当时他能够这么明确地提出这个事情，我觉得压力其实是蛮大的。"

1966年，"文化大革命"开始，"死光"武器也逐渐变成只争朝夕的政治任务，追求单一指标，单纯扩大规模成了一种倾向。此后一段时间，钕玻璃激光研究只注重提高输出能量，1965年输出能量达到1.2万焦耳，1966年达到19.1万焦耳，1969年达到33.8万焦耳（至今已公布的国际最高水平）。1969年，上海光机所研究人员用33.8万焦耳的高能激光距离目标10米进行打靶实验，结果打不穿5毫米的铝靶，只能熔化铝靶的表层，这时大家才理解亮度的重要性，开始把提高激光的亮度作为高能激光探索的一项重要工作来做。

33.8万焦耳的高能激光打靶实验失败，让"640-3"

工程遇到了空前的困难，有关方面决定让王之江回到"640-3"工程，重新领导开展激光武器探索。1971年年底，上海光机所党委落实知识分子政策，王之江重新出任"640-3"技术小组副组长、第一研究室副主任，并兼任第一研究室革命委员会副主任，领导开展高能激光的探索工作，并很快解决了一系列影响激光亮度的技术难题。

首先解决的技术难题是形变，即钕玻璃被氙灯光照后，受热引起的内部结构不再均匀的变化。形变对激光的效率、输出能量、亮度都有很大影响。为解决钕玻璃的形变问题，王之江带领团队首先改变激光器的工作条件。此前，研究人员采用延长光泵时间来增大输入能量的方式，以提高激光输出能量，光泵时间长达20毫秒，长时间氙灯照射形成的累积效应导致钕玻璃形变严重。因此，他们将光泵时间缩减到10毫秒来减小形变的累积效应，取得了一定的效果。研究人员为减小形变对激光器的影响所采取的措施还包括：采用片状钕玻璃使之产生平面层状的不均匀折射率、采用发散光束通过钕玻璃圆棒使光束在边缘区域通过的光路长度减小等，这些措施均取得了一定的效果。

弥散是他们着重解决的另一技术难题。弥散，是装置自身产生的激光照射钕玻璃使之受热而产生的形变，其产生原理与光泵照射钕玻璃使之产生形变的原理基本一致。但与形变不同的是，由于激光强度不均匀致使钕玻璃折射率不均匀，在折射率温度系数为正的介质中弥散会形成恶性循环（自作用），即激光强度较大的地方折射率也高，从而使光程变长、波面弯曲而形成自聚焦现象，更容易使钕玻璃产生局部损伤。在某些情况下，激光照射产生的弥散量可以与光泵产生的形变相当，对激光亮度的提高产生极为不利的影响。

1976年，王之江在关于钕玻璃高能激光研究的总结中直言："我们对弥散的认识要比国外早，只是最近国外才注意大功率器件的弥散问题。"最先提出这一问题的是一室成员陈守华，他提出，激光也有可能产生形变。如果用做实验来证实激光能不能产生形变，完全是可以的。用已经产生的激光，让它通过一根玻璃棒，旁边没有光泵照射，看这个玻璃棒在激光照后有没有变形。一做，确实有变形，大家就肯定了，激光也能使玻璃变形。为区别于上面的形变，大家给它取了一个名字叫弥散。

为消除弥散现象，王之江带领团队一方面对激光参数进行检测，另一方面分析激光方向性的影响因素，并重点从激光的模式、发散光束和象散光束、光束运动扫描、液体补偿和玻璃改进等多个角度来降低弥散对激光亮度的影响。为了降低形变、弥散等因素对激光亮度的影响，王之江带领团队采取了多种措施来改善激光器的结构，研制出的数种激光器装置的输出激光亮度都得到了有效提高，并在打靶实验中取得了显著效果。

当时的打靶实验主要在室内进行，初期的打靶距离、激光输出孔径都不确定，很难衡量打靶的实际效果。为此，王之江建议统一打靶的实验条件，将打靶的激光输出孔径统一限定为100毫米、打靶距离限定为10米。"为什么是10米呢？主要是因为，当时用高能量的几千焦耳到上万焦耳的激光打靶的时候，在靶上面散出来的金属颗粒溅有10米远，会损伤透镜，所以至少要10米远。"王之江在回顾历史时说。此后，所有的室内打靶都按这个标准进行，明显暴露了不同规格激光器的打靶效果，为进一步改善激光装置的性能提供了可靠参考。

那时，王之江率领团队在上海也开展了室外打靶实验。据一直参与"640-3工程"的高瑞昌回忆："那时候他和我们一起在稻田里打靶，最远达到1.5千米。"由于上海市人口密集，开展室外打靶存在着很大的安全性问题，因此室外打靶就转移到合肥董铺岛进行。

董铺岛激光靶场的建设始于1965年。当时，为满足高能激光打靶实验的需要，中国科学院党组书记张劲夫要求上海光机所建立"小三线"，主张2～3年后将高能激光研究迁到合肥董铺岛，同时要求中国科学院电工研究所（简称电工所）在董铺岛为高能激光研究建设电感能源站。1965年3月，经中国科学院党组、安徽省委批准，中国科学院合肥董铺工程筹建委员会成立，负责上海光机所和电工所能源部分迁移和管理。不久，电工所在董铺岛为激光打靶实验建成了电感能源站，强烈要求将高能激光研究迁往合肥，当时负责上海光机所业务工作的干福熹曾两次到合肥董铺岛考察。因当时合肥的技术水平不适合开展高技术研究，同时上海市领导坚决反对将上海光机所迁往合肥。不久，"文化大革命"开始，搬迁之事不了了之。1970年，中国科学院安徽光学精密机械研究所（简称安徽光机所）在合肥董铺岛正式筹建。安徽光机所建立后，董铺岛仍然建有上海光机所高能激光的打靶基地。1972年，上海光机所派遣"小分队"，由刘颂豪带队到合肥董铺基地进行高能激光打靶实验，所用电感能源站是电工所搭建的。

1973年6月19—29日，在合肥董铺岛建立的激光远距离打靶场，利用口径1.2米的玻璃发射望远镜和电工所研制的电感能源装置，王之江团队研制的高能钕玻璃激光器将1.7千米远的0.2毫米厚铝靶击穿、2千米远的0.2毫米铝靶击成网状。

王之江多次参与了合肥董铺岛的激光打靶实验，他在总结这些远距离打靶实验的结果时认为："唯一的意义，是确定了大气的影响非常严重。"实验结果表明，大气抖动严重限制了激光打靶的效果，大气的密度起伏引起的光程不均匀对激光传输产生了非常严重的影响，它使激光能量分散，光斑扩大，从而使激光失去破坏能力。

经过不断探索，上海光机所高能钕玻璃激光装置的亮度得到了大幅提高，并在激光打靶实验中取得了一系列进展，为评判激光反导的可能性提供了大量可靠的实验数据。回顾这段历史时，王之江这样总结自己从事的这项工作："1964年负责高能高亮度钕玻璃大能量激光装置的研究（激光定向能武器）十余年中，运用应用光学知识开展科研工作和解决科研工作中的问题，特别在1973年本人提出'高能、高亮度——大孔径片状运动扫描钕玻璃激光装置'……采用光学成像复原原理使激光光束亮度不变，实现了高能高亮度的钕玻璃激光输出。此装置最终实现输出能量1万焦耳，亮度达10^{10}瓦/（平方厘米·球面度）[中心部分达10^{11}瓦/（平方厘米·球面度）]，用直径12厘米透镜聚焦在10米处可打穿8厘米铝板，是世界上已知的最高水平。这些工作为固体技术路线——定向能武器作出了有力的实验依据的评判。"

根据激光打靶实验取得的数据，王之江判断，当时高能钕玻璃激光系统输出激光的亮度距离激光武器的要求还差至少4个数量级，很难实现激光反导的最终目标。这个科学判断，为1976年终止"640-3"工程奠定了基础。

1976年6月6—15日，中国科学院、国防科学技术委员会、国防工业办公室联合在上海召开强激光工作会议，中国科学院所属的上海光机所、大连化学物理研究所、力学研究所、电工所等所有参与"640-3"工程的机构都派人参加了会议，该会议由"640"工程的总负责人钱学森主持召开。在这次会议上，王之江以《钕玻璃大能量激光器的发展》为题作了大会报告，介绍了1964年以来上海光机所研究团队在提高激光能量、亮度方面进行的技术探索与创新，并根据激光打靶实验的结论指出"钕玻璃激光器离武器要求甚远，只宜在较小规模下进行局部性的探索，在有所突破时才扩大"，并提出终止"640-3"工程的高能钕玻璃激光研究。

王之江提出的终止"640-3"工程的意见，引起了与会人员的激烈争论。支持终止"640-3"工程的包括大连化学物理研究所的张存浩等一批科学家。彼时，张存浩领导的氟氢化学激光器输出功率也达到了10万瓦以上，力学所的二氧化碳气动激光输出功率也达到了几万瓦以上。但是，用这些激光器进行打靶实验，按照王之江建议的室内打靶标准，只能将铝靶熔化，5毫米厚的铝靶都打不穿，打靶效果远不如钕玻璃激光器。国防科学技术委员会情报所的一些工作人员则认为，美国已经全面部署激光武器，我国也应大量研发激光武器，反对终止"640-3"工程。

作为"640"工程的总负责人，钱学森也希望继续做下去。但是，王之江依然坚持自己的意见。回顾当时的情形，他说："那时候，钱学森希望做下去，但是我认为，当时器件的水平是不可能打下导弹的。美国人是气动激光、化学激光，水平可能比我们高一点，但是高不了太多，那个水平的东西是打不下导弹的。我这个判断现在得到了肯定,美国这些文件也都解密了。那时候国防科学技术委员会情报所非常相信美国的报道,认为他们打下了导弹,所以有一个希望做下去的意见。我认为不值得做,最后也就决定终止了。"

时至今日,世界范围仍然没有激光反导武器获得成功的确切信息,印证了王之江终止"640-3"工程决定的正确性。实际上,美国国防部在2001年、2007年分别公开过两份关于激光定向能武器(DSB)的报告。2001年的报告认为激光反导存在成功的可能性,而2007年的报告明确指出,用现在的这些技术路线不可能实现激光反导。美国国防部2007年的报告得出的结论,与王之江1976年的结论是一致的。

历时13年的"640-3"工程没能实现激光反导的最终目标,对于这一结果,有关方面在工程启动之初就已有预见。早在1963年12月16日,毛泽东在听取国务院副总理兼国家科学技术委员会、国防科学技术委员会主任聂荣臻汇报时曾指示,要专门组织一支队伍开展激光武器研究,并明确提出:"没有成绩不要紧"。

1964年5月,在"640-3"工程启动之初,中国科学院党组书记张劲夫在给国防科学技术委员会起草的报告中明确提出有成功与失败两种可能:"①激光炮的研制与两弹不同，后者国外已有，前者全世界均未实现，存在成功与失败的两种可能性，其指导方针是'摸着石头过河，走一步看一步'。②希望用4～5年时间，研制出百万焦耳、射程为3000千米打飞机的光炮样机。③能获成功，则在20世纪70年代扩大规模，造出千万焦耳或更大的激光武器。上海光机所的规模也随之扩大。④如遇到意想不到的困难，则将中间成果推广应用。"

1965年8月，张劲夫在上海光机所就"640-3"工程召开的专家座谈会上，面对与会专家又明确指出："失败是可能的，我们是采取激光探索的态度，遇到困难怎么办？花了一些钱，用了一些人力、物力。失败了不要怕，我们就准备丢一笔钱到大海里，这是辩证法。现在我们准备花钱，就是失败也值得，摸得了经验……我们是希望成功，但也不怕失败……要准备两手：成！不成！不成，再暴露问题，暴露出问题也是成就。我认为100万焦耳是搞个实验装置，不要搞武器，武器说要牵涉很多方面，目的是搞出个实验器件，来验证激光的破坏力和实现武器的可能性。另一方面也是为强光物理现象研究提供一台装备，从而开阔眼界，扩大认识，除此以外也培养了干部。"

"640-3"工程虽然没能实现激光反导的最终目标，但通过长期的艰苦探索，中国激光科学在理论、实验、总体和单元技术等方面取得了一系列创新成果，同时也培养了一批激光科技人才，有力推动了中国科学整体水平的快速提升。对此，中国著名激光专家、中国科学院院士干福熹在回顾中评价"640-3"工程产生的历史影响时写道："虽然到1976年根据科学判断，决定高能量的光抽运钕玻璃激光系统不再作为辐射武器的主要技术途径，但在提高效率和亮度过程中，发现和解决了一系列理论和技术问题，都属于原始创新的。这些工作不仅在当时使高能量激光器的激光性能达到很高的水平，时至今日对发展高能激光器仍有指导性价值。高能量钕玻璃激光系统的研究，从单元技术到科研队伍等各方面都为以后开展以激光核聚变研究为目标的高功率钕玻璃激光系统的研制奠定了基础。"

中国科学院院士姜中宏曾经在"640-3"工程和激光约束核聚变研究中作出了重要贡献，他的传记中有这样对"640-3"工程的评价："激光反导项目'640-3'长达10余年，高能钕玻璃激光系统的研究投资与美国同类研究相比，仅占十分之一，但得到的结论和成果并不亚于美国，甚至有过之而无不及。这项研究工作不但推进和发展了我国激光技术,而且培养和造就了一大批激光科学家和科技骨干,其中包括干福熹、王之江、徐至展、邓锡铭、王育竹、姜中宏、林尊琪7位中国科学院院士和中国工程院院士范滇元。同时,促进了激光在国防建设、科学技术和工农业等各方面的应用。特别需要指出和肯定的是,以激光核聚变和核爆炸模拟研究为应用目标的高功率钕玻璃激光系统的研究,很大程度上应用了高能钕玻璃激光系统的研究成果、单元技术,以及获取并积累的相关数据。"

王之江在谈及这段历史时,认为"640-3"工程的意义主要在于:"第一,科学上的事,不做不知道,做了之后才知道,假使没有这么一个激光反导的目标的话,其实很难有机会去探索激光发展过程中亮度发展有没有极限、有没有限度、什么东西限制了它的亮度等问题,因为探索这个东西也要花不少钱的。第二,在做这个事情的过程中,钕玻璃、灯等许多设备都有了改进,这些设备后来都应用在激光聚变中了。激光聚变,在我们所里是后来发展的,实际上它的玻璃、灯和工艺都是在开展'640-3'工程中发展起来的,因为有了'640-3'工程的基础,所以发展起来比较容易。在这个过程中,也培养了一批人,这批人,至少说他们对于激光是比较懂的，可以做其他的一些激光的应用。另外，中国本身原来没有激光，因为这个'640-3'工程，中国激光工业、激光科学都得到了发展。"

因此，从"640-3"工程的历史影响来看，该工程虽未实现激光反导的终极目标，但达到了张劲夫1965年提出的"目的是搞出个实验器件，来验证激光的破坏力和实现武器的可能性。……除此以外也培养了干部"的初级目标。当然，也如张劲夫所言，"640-3"工程"花了一些钱"。因此，王之江1976年力主终止"640-3"工程的决定，不仅及时纠正了激光反导探索的技术路线，也为国家节省了大量人力、物力和财力。

风雨之后见彩虹,达成入党夙愿

1966年,"文化大革命"开始,王之江很快被当作"反动学术权威"而受到批判。实际上,"文化大革命"前,基于在中国应用光学学科建立以及在开创中国激光科学事业中的卓越贡献,王之江已是光学界名副其实的学术权威专家。在长春光机所就与王之江共事的上海光机所离休干部陈国华说:"王之江在长春光机所的时候就已经出了名。他在光学设计方面有一本书,这本书在全国影响很大,不单是中国科学院系统,在全国的各大院校都是很权威的一本著作。因此,他对光学设计的贡献是一流的,大家对他的学术造诣都很佩服,王大珩都说他这个学生是一流的。"

由于王之江当时已是全国著名的光学权威专家,很多人不敢接触他,因为他实在是太有权威了。同时,王之江本人沉迷于科学研究,很少参与社会交往,且与人交谈时说话比较直率,其言论很容易引起别人的误解,甚至得罪人。王之江的长子王颖曾提到,王之江在学术方面特别严谨,经常就出现的学术问题毫不留情地批评别人,王颖在回忆时说:"我对我爸的一个感觉是,他在学术方面非常认真,也很严厉。上海光机所刚建所时,经常有人来我们家跟他聊工作上的事情,我有几次在隔壁房间听见我爸很严厉地训斥这个人,说他那个想法有问题。他要觉得哪个东西不对，会不留情面地讲出来，他在学术方面很严厉。"正是这些原因，王之江被一部分人认为"高傲自大，自命不凡"。在这个过程中，他对一些党员干部直言不讳地批评，更是刺痛了一部分人，后来也都成了他反党、反社会主义的罪证。

因此，在"文化大革命"开始不久，"打倒反动学术权威"的大字报就贴到了王之江的家里。据王颖回忆："那个时候，很突然地到处贴上了大字报，学校里边也贴了好多大字报，很快我们家就受到冲击。那时候我上三年级，有一天放学回家，我们家里贴满了大字报，连我爸妈的铁床上面也都贴满了，床头是一个大长条横幅，上面写着：'打倒反动学术权威'。"

王之江家里被贴大字报后，很快被红卫兵抄家。在儿子王颖的印象里，那时候王之江在家里要么是在看书，要么是在进行计算，没有任何娱乐活动，也没有闲暇去过问孩子的学习。因为王之江喜欢读书，所以家里存有大量书籍。被抄家时，这些书籍被扔得到处都是。当时年仅9岁的王颖和7岁的弟弟刚好在家，至今仍对抄家的情景记忆犹新："我对这次抄家印象是很深刻的，好多人来抄家，我们家被翻得一塌糊涂,很多书被翻得到处都是,很多东西被拿走了。"

抄家对王之江的家庭影响最大的是他的岳母,他的岳母因受抄家的刺激而精神失常。王之江的岳母就顾美玲一个女儿,因王之江全身心扑在工作上,岳母就跟随他们一家生活,帮助照看小孩、料理家务。据王颖回忆,在被抄家之前,他经常拖着外婆,央求她讲"七侠五义"的故事,但因抄家事件的刺激而精神失常后,外婆就总是坐在一处自言自语,再也无法给他讲故事了。而且,由于王之江被隔离审查,很长时间不能回家,妻子顾美玲白天劳动,晚上要去学习班进行思想改造,没办法将已经精神失常的老人送去住院,延误了疾病的治疗。同时,由于"文化大革命"的影响,他们全家被迫从居住位置较好的308宿舍搬到305,后来又被赶到1楼。在1楼,王之江一家5口人加上精神失常的岳母,住处本来就已十分拥挤,后来又有一对年轻夫妻跟他们家合住,情况越发糟糕。住在1楼给他们家带来的最大困扰,是附近小孩对他们家的不断骚扰。那时候,住在附近的小孩都知道他们家住着一个"反动学术权威",还有一位疯疯癫癫的老太太,就经常用棍子、石头或者其他东西来敲他们的窗户,使得精神失常的老人更加紧张、害怕。回想起这段经历，王颖说："我那时候最怕人家来敲我们家的窗户，但是我也没办法，我也打不过那些人。"

那时，由于王之江因隔离审查长期不能回家、顾美玲被迫参加学习班进行思想改造，王之江年仅11岁的大女儿王征担起了家庭的重任，既要照看已经精神失常的外婆，又要为全家吃饭而奔波，还要保护因"文化大革命"而遭受欺负的两个弟弟。回顾这段往事，王颖说："我们家最苦的那段时间，我姐姐非常辛苦。因为我爸妈都被关起来，她稍微大一点，所以我们家实际上就是靠她。那时候，她每天要管我和弟弟，还有外婆吃饭，还要读书。早上五点多钟就去排队买菜，那时天气已经很冷了，非常辛苦。她很护着我们，看谁欺负我们，她就会跟人家吵架。"

回顾那段艰苦的日子，顾美玲非常心疼，也非常感激自己的女儿，说："那个家就靠我女儿，11岁就替我管这个家，还要管我精神失常了的妈。家里没多少钱，她早上五点多钟就去排队买骨头，然后用骨头烧一锅汤加点菜填肚子。"

那段时间，王之江的境况也非常糟糕，除了接受批斗、审查，还要被迫从事艰苦的体力劳动，如干最苦的泥水匠；明知他体力有限，还逼着他背一个几十人用餐的大铁锅，步行几十千米，提前为军训的人烧饭等，各种重活、苦活他都要干。据王之江回忆，他当时从事的体力劳动主要是拆木头箱子，他说："我印象最深的是拆电容器箱子。那时的电容器尺寸很大，大概有半米高，一个木箱子只能装两个电容器，由于电容器需求量很大，所以有大量的空木箱子堆在那里。我的工作就是把箱子拆成木板，然后再堆起来，最后堆起来的木板高度可能有两三米高吧。"

抄家、挨批斗、从事体力劳动，以及家庭经历的种种磨难，让王之江陷入了人生低谷，他的情绪非常低落。1967年好友潘君骅出差路过上海，去嘉定看望王之江，"那时候王之江正拉着三轮车，属于下放劳动的状态，情绪很是低落。他的夫人担心他自杀，要我劝劝他"，潘君骅说。

对王之江家庭造成最大伤害的是"文化大革命"期间对他进行的"特务"嫌疑审查。1968年7月15日，受"清理阶级队伍"运动影响，上海光机所开展"抓特务周"运动，王之江又被诬告为"国民党特务"，再次被隔离审查。当时，由于大多数科技人员都曾在国民党政府的学校读过书，这些人被认定为"国民党特务"，而去苏联留过学的就是"苏修特务"、到过美国的就是"美国特务"，等等。王之江因出身资产阶级家庭，同时又因曾在国民党政府的"江苏省立常州中学"读过书，所以被认定为"国民党特务"而接受隔离审查。在隔离审查期间，王之江的家里再次遭遇抄家。这次抄家，给王之江一家留下了最为痛苦的回忆。当时，王之江的岳母经住院治疗，其精神失常的症状已经好了很多，考虑到王之江又被隔离审查，为了让她少受刺激，妻子顾美玲决定将她送回南京老家躲避一段时间。然而，就在准备回南京的前一天，红卫兵再次来抄家，他们家省吃俭用好不容易积攒的200多元也被抄走，让病情本已好转的老人再次陷入精神失常状态，直到1972年去世都没有好转。谈及此事，顾美玲十分伤感地说："最伤心的就是这件事。我妈精神失常后曾经住过精神病院，第一次好了一些，刚接回家。因为王之江被隔离审查，我让父亲把我妈接回南京避一下，给了他200元生活费，票都买了，明天就要走了。哪知道又来抄家，把那200元也抄走了，那是我一点点存起来的。从这以后，我妈就再也没好，本来是好多了，一下就不行了。"家里的苦难遭遇，加上受有人蒙冤自杀事件的影响，让处于隔离审查中的王之江十分悲观，这时的王之江也曾经写过遗嘱，做好了万一被折磨至死的准备。

1969年，在因"特务"嫌疑被关押8个月之后，王之江被取消了隔离审查，但仍需进行"劳动改造"，然而当年启动的全国电影摄影镜头设计会战，为王之江重新回到科研岗位创造了机会。

1969年，时任中央宣传部电影处处长的江青，在对当时国产电影、国外电影画面的色彩、灯光等进行对比后，对国产电影的摄影、采光很不满意，于是给国防科学技术工业委员会写信要求改进摄影相关技术，国防科学技术工业委员会决定在全国范围内开展电影镜头设计会战。在这次电影镜头设计会战中，上海光机所也被下达了设计电影镜头的光学设计任务。

由于王之江是我国光学设计领域的权威专家，就安排他参与电影摄影镜头的设计工作。在1969年和1970年这段时间，王之江主要进行光学设计方面的工作，先后完成了8.75电影缩放机镜头设计、紫外照相机镜头等设计任务。其中，8.75电影缩放机镜头，使得我国电影放映机的体积大大减小，极大方便了农村电影的放映工作。在研制主要用于公安系统侦探破案的紫外照相机镜头时，王之江提出采用国产冕玻璃替代进口玻璃作为镜头的光学材料，不仅保证了相机的拍摄质量，还大大节约了成本，该成果后来获评中国科学院科技进步奖。

1971年，上海光机所的"640-3"工程高能钕玻璃激光研究遇到了困难，主要体现在：第一，没能实现1965年提出的到1970年激光输出能量达到100万焦的目标；第二，高能激光打靶效果不理想，1969年建成的输出能量达3.38万焦的高能钕玻璃激光10米打靶只能熔化铝靶的表面。在这样的背景下，上海光机所党委决定让王之江回到"640-3"工程工作。当年9月，王之江参加了在合肥进行的高能激光室外打靶实验，并根据实验结果建议高能钕玻璃激光研究转向提高亮度方向。同年11月，中国科学院在合肥召开激光工作会议，与会领导和专家接受了王之江的建议，决定将高能激光的研究重点转向提高亮度方向。年底，王之江提出了提高激光亮度的大口径片状钕玻璃激光器方案。这时，上海光机所党委决定给王之江落实知识分子政策，让他重返"640-3"工程领导岗位，出任"640-3"技术小组副组长、第一研究室副主任、第一研究室革命委员会副主任。回到"640-3"工程后，王之江带领研究团队在高能钕玻璃激光研究方面取得了一系列创新成果,使得中国的激光科学技术在"文化大革命"期间也得到了发展。

1978年3月,全国科学大会在北京召开,王之江出席大会,并被评为全国科学大会先进工作者,其专著《光学设计理论基础》获全国科学大会奖。同年,他还当选了第五届全国人民代表大会代表,并就任上海光机所副所长。在这样的背景下,上海光机所党委班子通过大量的思想政治工作,成功帮助王之江加入中国共产党,实现了他多年的入党愿望。

王之江在大学时期就有加入中国共产党的意愿。他于1948年考入江南大学,并于1949年5月在江南大学加入了新民主主义青年团。是年,王之江从江南大学退学,考入大连大学,实际上也是基于对解放区的向往,"憧憬着老解放区的一切"。在大连大学,王之江阅读了大量马克思、恩格斯、列宁,以及毛泽东的著作,并且在大二之后就"渐有了入党的进步要求,而且后来也向支部提出过"。一直到20世纪60年代中期,他一直有入党的愿望,"曾数次向组织表达过自己争取成为伟大的党组织一员的愿望"。

然而,在阅读无产阶级革命家列宁所著《唯物主义和经验批判主义》一书时,王之江对著作中批判马赫主义哲学的一些观点持怀疑态度。同时，王之江还了解到苏联科学界的李森科、勒伯辛斯卡娅、信息论和计算机等事件对苏联的科学发展产生了消极影响，所以就有意或无意表达了支持马赫主义哲学的言论。王之江的这些言论，发表在20世纪50年代，当时中苏关系处于蜜月期，因此毫无意外地被认为是"反动言论"，成为指证他是"反革命分子""白专"典型的重要证据。正是这个原因，王之江虽然一直有加入中国共产党的意愿，却迟迟无法实现。

在1978年3月召开的全国科学大会上，邓小平明确提出"知识分子是工人阶级的一部分""科学技术是第一生产力"，打开了"文化大革命"以来一直束缚知识分子的桎梏，广大知识分子迎来了"科学的春天"。在这样的背景下，上海光机所时任党委书记沈怡主动找王之江谈话，动员他加入中国共产党，在得知王之江早有入党的意愿后，立即按入党程序开始了对王之江的政治考察。

由于王之江此前曾是"肃反"对象、"白专"典型等，政治考察的过程非常曲折。对此，王之江曾这样回应："我那时并不适合入党，因为很多运动我都被认定是一个严重的反动分子，所里很多人不赞成我入党。所以，当时所里让我入党还是比较敏感的。"

事实确实如此，上海光机所四室党支部在最初讨论王之江的入党问题时，有很多党员持反对意见，有的甚至直言不讳地说，不能因为他是副所长、是学术权威就降低入党的标准。回忆当时的情形，王之江的入党介绍人、四室支部书记陈国华说："当时是有阻力的，十几个党员，一多半不同意。"

在这种情况下，上海光机所党委书记沈怡、四室支部书记陈国华、四室支委委员梁宝根研究决定，在王之江入党的问题上要慎重，要做到两点：第一，要把好标准关，要抛开王之江是学术权威、是副所长，以及中共中央组织部有发展知识分子党员精神等各种因素的影响，一定不能降低标准；第二，由于王之江的政治背景比较复杂，必须做一些深入、细致的考察工作，同时还要广泛听取党内外群众的意见。

为了做好王之江的入党工作，沈怡、陈国华、梁宝根进行了大量细致的工作，并提供了一系列关于王之江入党问题的审查文件，其中包括1978年9月21日上海光机所党委上报中国科学院上海分院的"对王之江同志问题的复查结论"和"对王之江同志问题的复查报告"；1978年9月23日陈国华向所党委提交的

"关于王之江同志入党问题四党支部给所党委的报告";1978年11月14日上海光机所四室党支部委员会提交的"关于王之江同志入党问题四党支部给所党委的审查报告";1978年11月20日上海光机所党委上报中国科学院上海分院的"关于发展王之江同志入党的请示报告";等等。考虑到有很多党员反对,沈怡指示陈国华、梁宝根一定要做好党员的思想工作。因此,陈国华、梁宝根一方面通过与王之江谈话了解他对党的认识,帮助他提高政治思想觉悟;另一方面通过支部会议、座谈会、个人征求意见等方式向支部党员介绍王之江的政治思想动态,帮助他们改变对王之江的固有成见。经过多轮、大量的细致工作,四支部的多数党员还是不能完全信任王之江,在这样的背景下,沈怡指示陈国华召开支部大会,让王之江在支部大会上亲自面对大家讲他对党的认识,终于得到了广大党员的认可。1979年4月25日,上海光机所党委班子形成"党委一致通过王之江同志入党"的决议,正式批准了王之江的入党申请。

1979年5月20日,在上海光机所东楼会议室,陈国华专门召开支部大会举行王之江的入党仪式,所党委书记沈怡也到会参加。会上,王之江面对全体党员宣读了自己的入党申请书。会后,上海光机所就王之江的入党过程专门刊发了"积极慎重 大胆发展——关于发展王之江同志入党的做法(情况简报第二十八期)"的简报,并上报中国科学院上海分院。

主持中国加入国际光学学会，名扬国际学界

1978年，随着党的十一届三中全会作出实行改革开放的政策决定，中国学术界开始与国际学术界建立联系，并逐渐融入国际学术界之中。在这个过程中，王之江作为中国激光学术界的杰出代表参加了大量国际学术活动，促进了中国光学界与国际学术界的相互了解，为中国光学学会加入国际光学学会等学术组织作出了重要贡献，他本人也因此得到了国际光学界的高度认可。

由于改革开放前中国与国际学术界处于几乎隔绝的状态，国际学术界很少有人了解中国激光科学的发展状况，甚至有人认为中国根本不具备生产激光器的能力，王之江1979年出访美国的活动一下子打破了国际学界对中国激光科学研究的认知。

1979年5月30日至6月1日，受美国电气与电子工程师协会（IEEE）和美国光学学会（OSA）的邀请，中国仪器仪表学会组成激光代表团，王之江任代表团团长，带领中国科学院、教育部、第一机械工业部、第五机械工业部的几位专家，到美国首都华盛顿参加第七届激光工程与应用学术会议（CLEA）。激光工程与应用学术会议每两年召开一次，与国际量子电子学会议交替召开，是非常有影响力的国际学术会议，参加该次会议的人数达1100多人。王之江等人参会是中国学者第一次出席这一国际学术会议。在这次会议上,王之江向大会提交了论文《关于中国的激光科学和技术》,这一论文在时间期限上虽已属迟到,但仍十分受重视,被作为特别邀请报告,并多次预告。关于当时的报告,王之江回忆道:"在会上我有一个报告,题目是《关于中国的激光科学和技术》。这个报告是美国人临时安排的,我预先没有计划参加这次会议,所以没有准备作报告,而且这种报告是不会在正式的会议中宣读的。但是,会议的主持人此前对中国不了解,看到中国还有激光很感兴趣,所以就把这个报告放在正式的那场报告里面。从那以后,美国人就知道中国还能在激光方面做些事。"

在王之江作报告时,几乎全部华裔学者及很多外国学者到场参会。在报告中,王之江介绍了中国的激光器件及其应用研究,以及在激光约束核聚变等领域进行的探索,与会专家都对中国在激光科学领域取得的成就感到惊讶,并由衷地钦佩,在报告结束后纷纷向王之江表示祝贺。报告取得的巨大成功,引起了 *Laser Focus*(今 *Laser Focus World*)期刊主编的关注。为此,该期刊主编在报告结束后专门采访了王之江,并以《中国激光取得的成就——来自上海一位显要人物的讲述》为题将访谈摘录发表在该刊 1979 年第 9 期上,同时用五星红旗作为该期封面的主图。

在美国期间，王之江一行得到了来自中国台湾的美国华裔学者的友好接待，王之江直言："这些来自中国台湾的华人学者的好意，使我们从完全封闭的状态，比较容易进入美国社会。"因此，在会议结束后，经福特汽车公司研究实验室著名物理学家王正鼎和加州大学圣地亚哥分校王正平安排，代表团又访问了美国麻省理工学院、罗切斯特大学、斯坦福大学、加州大学贝克莱分校、南加州大学、亚利桑那大学、加州大学圣地亚哥分校七所大学，考察了贝尔实验室、KMS聚变公司、美国劳伦斯·利弗莫尔国家实验室、福特汽车公司研究实验室四个著名实验室的激光研究，还参观了休斯公司、阿夫柯公司、光谱物理公司、相干公司四个专门生产激光器件的工厂，以及通用汽车公司、圣纳蒂克视听服务所、宝丽莱（Polariod）公司、撒奈尔（Sinai）医院四个开展激光应用的单位，对美国的激光研究、生产以及应用等有了比较深入的了解。

回国后，王之江在《激光》上发表了《访美激光观感》，专门介绍了会议的相关主题，并从美国的新型激光器、光纤通信、激光约束聚变、激光分离同位素、激光加工以及基础研究等几个方面进行了点评分析，为中国激光学术界了解国际发展动态提供了重要参考。

对于那时的国际学术交流活动,王之江认为其更重要的意义在于帮助中国融入了国际学术界。"我本身相信科技的交流,其实通过论文的发表就可以达到充分交流。我们当初做激光,完全是从西方的文献里了解到激光,看到别人是怎么做的,然后根据我们自己的想法、条件来决定我们怎么做。因此,科技交流通过文献的发表是能做到充分交流的,至于互相访问不过是一种互相承认友好的表现。当时中国开过几次国际激光会议,美国劳伦斯·利弗莫尔国家实验室等著名实验室的主要人员都来参加,他参加是为什么呢?他来参观是想了解中国的激光武器到底做成什么样了,其实通过访问交谈能够得到的还是比较表面的。所以,我觉得互相访问只不过是代表互相之间的友好,或者说互相承认,只不过如此而已。"王之江说。

1979年12月10日,中国光学学会成立大会在北京举行,大会选举严济慈为名誉理事长,王大珩为理事长,王之江为第一副理事长。学会成立后,王之江以中国光学学会副理事长的身份参加了大量国际光学学术会议等活动,主持了中国光学学会加入国际光学工程学会、国际光学委员会、国际量子电子学理事会等国际学术组织的系列活动,让中国光学迅速融入了国际学术界。

1982年5月,国际光学工程学会在美国东部召开技术报告会，会议总主席卡特向王大珩等中国光学家发出参会邀请，王大珩因国内事务无法出席，但考虑到该学会在美国光学工程界的重要影响，特委派王之江以中国光学学会副理事长的身份代替他前往，以寻求与美国光学界建立学术联系。与王之江同行的还有时任中国光学学会工程光学专业委员会主任唐九华、吉林省光学学会副理事长沈柯。

国际光学工程学会是一个全球化的非营利专业组织，主要通过跨学科信息交流、继续教育、期刊出版、专利预判等方式来推动与光学有关的新兴技术的发展，目前全球会员超过25万，成员主要是科学家、工程师和企业家，是光学工程学术界非常有影响力的一个组织。参会期间，王之江最重要的工作是与国际光学工程学会执行主席亚弗（Joseph Yaver）商讨了国际光学工程学会与中国光学工程界1983年、1984年的互访活动。亚弗提出，第27届国际技术论文报告会将于1983年8月在美国圣地亚哥召开，国际光学工程学会邀请中国光学工程界派团参加，请中国学者专门介绍中国光学工程领域的发展与成就，并承诺国际光学工程学会将承担中国代表团在美期间的活动费用。同时，亚弗还提出，国际光学工程学会希望可以在1984年派出一个5～15人的讲学团到中国进行回访。另外，王之江还与费城德雷克塞尔（Drexel）大学物理系纳尔杜奇（Narducci）等光学专家进行了交流，纳尔杜奇提出由他邀请10名国际著名光学专家在1983年到中国办一个暑期光学讲习班，以促进中国与国际光学界的学术交流。此外，王之江等人还参观了美国马里兰大学物理系哥达德空间中心激光测月实验装置、海军实验室的光学和等离子体实验室，以及国家标准局的集成电路计量及激光实验室。

王之江这次出访，以及后续的相关学术交流，使中国光学界与国际光学工程学会及美国光学界建立了紧密联系，为中国光学界与国际光学工程学会的合作奠定了基础。1995年国际光学工程学会在成立四十周年纪念之际在陕西西安举办了国际传感器应用和电子器件展览，标志着中国光学学会与国际光学工程学会正式建立长期合作关系；2007年11月12日，中国光学学会成立国际光学工程学会中国全国委员会（SPIE-China），与国际光学工程学会的合作更加广泛、深入。中国光学学会与国际光学工程学会之间交流与合作关系的建立与发展，王之江功不可没，他本人也于1991年7月当选为国际光学工程学会特别会员。

1987年8月，王之江与复旦大学章志鸣代表中国光学学会参加了在加拿大魁北克召开的第14届国际光学学会会议，会议期间成功解决了中国加入该学术组织的最大障碍，成功使中国光学学会加入国际光学学会。国际光学学会成立于1947年，其成员来自各国光学学会或光学委员会，其宗旨是促进国际上光学机构的合作和国际学术活动的开展，促进光学学科的发展。中国光学学会成立后，王大珩等光学家一直寻求加入该组织，并开展了大量相关工作。在1987年8月的这次会议期间，王之江、章志鸣通过魁北克大学的华人学者介绍，认识了当时也来参加会议的中国台湾光学工程学会理事长张明文、副理事长苏青森，在征得王大珩同意的情况下，通过会商与台湾光学工程学会达成相互谅解，让他们在中国加入国际光学委员会这一议题上投赞成票。通过王之江、章志鸣的努力，中国加入国际光学学会的申请在这次会议上获理事会一致表决通过，中国光学学会正式成为国际光学委员会大家庭中的一员。

1987年，王之江还主持了中国光学学会加入国际量子电子学理事会的活动。国际量子电子学会议是激光物理领域最为传统的一个会议，首次会议于1959年召开，之后每两年召开一次，1984年起与激光光电子学会议一起召开，是激光学术界最具影响力的会议之一。1987年

11月,王之江与复旦大学章志鸣代表中国光学学会出席在美国举行的国际量子电子学特定委员会会议,并当选为国际量子电子学委员会特定成员。国际量子电子学委员会特定成员身份的获得,充分彰显了中国激光与光电子学科在国际学术界的重要地位。1990年5月20日,为加强中国光学学会与国际量子电子学学术界的联系,王之江、章志鸣、汤星里赴美国参加国际量子电子学理事会会议,主要目的是申请在上海主办1996年国际量子电子学会议。当时参加申请的有苏联、澳大利亚和中国三个国家,苏联申办地点的交通与通信条件较为落后,澳大利亚的激光研究较薄弱,上海本来很有希望获得主办权,但因当时国际政治环境的影响,大会未当场表决,决定延至1992年维也纳会议时再行表决。王之江回国后专门就该事件向王大珩汇报,并就会议在上海举办的可能性进行了分析,认为1996年的会议仍有较大可能在上海举行,但那时他和章志鸣已退休,建议安排年轻科学家接替他们继续与国际量子电子学理事会保持联系,同时就会议的其他准备工作提出了初步安排。遗憾的是,1996年国际量子电子学会议的申办工作最终以失败告终。

随着国际交流活动的逐步深入,王之江的学术成就得到了国际学术界的高度认可。1988年7月24—27日,"88

国际激光材料与激光光谱学专题会议"在上海召开。在这次会议的招待会上,美国光学学会主席布里奇斯(W.B.Bridges)授予王之江"美国光学学会特别会员"证书。"美国光学学会特别会员"由五名以上有名望的科学家推荐,授予在光学和激光领域作出显著贡献的科学家,其名额为美国光学学会正式会员总数的十分之一,王之江是中国第一位获此荣誉的光学家。王之江获此荣誉,是由美国光学界著名科学家厉鼎毅(Tingye Li)、萧洛(A.L.Shawlow,诺贝尔物理学奖获得者)、格拉斯(A.J.Glass)、考尔菲尔德(H.J.Caulfield)、王正平(C.P.Wang)、布鲁姆伯根(N.Bloembergen,诺贝尔物理学奖获得者)、F.T.S.Yu共同推荐的,获得布鲁姆伯根和萧洛等国际顶尖科学家的推荐,充分显示了他在国际光学界崇高的学术地位。

王之江的学术贡献同样也得到了国内学术界的高度认可,1991年他被增选为中国科学院学部委员。实际上,王之江在1980年增选学部委员时未被选上,这令中国光学学术界颇感意外,1985年王大珩给王之江写的学术评价的末尾曾专门附言此事,王大珩在附言中写道:"上次(1980年)中国科学院增选学部委员时,王之江同志未能选上,同行们甚为惊异,原因是在选举范围内,了解光学方面的人少,从而投票相应地少。"

倡导强激光研究，
指导"863-410"主题探索

激光武器探索是上海光机所建立之初就确立的一个长远目标,"640-3"工程终止后的几年,上海光机所的这项研究处于停滞状态。随着中外学术交流活动的频繁开展,王之江对美国的高能激光研究状况有了更加全面的了解。根据高能激光研究的国际进展,王之江开始筹划重新启动中国的激光武器探索。

实际上,激光武器研究一直都是世界各国严格保密的内容,出国访问一般也无法了解到这些保密的内容,但王之江凭借多年的高能激光探索经历,能够通过会议报告、出版文献等内容敏锐地捕捉到国外高能激光研究的敏感信息。例如,1982年他就根据几家研究机构的会议报告分析过美国高能激光的研究情况。根据这些会议报告提供的信息,王之江认为当时美国的高能激光尚存在着很多问题有待解决,比如Rockwell、TRW、United Tech. Air Force Weapons Lab等单位报告的诊断工作表明,美国当时的高能激光器件规模都很大,如HF化学激光兆瓦级,CO_2和KrF脉冲激光窗口直径都是米量级,但看起来均匀性很差,如存在明显的燃烧喷流界限及不均匀区、光程起伏在几个波长的量级、光束质量不好、对小区不均匀没有检测措施等;同时也看到美国高能激光研究的一些长处,如各大公司都为诊断研制了大型设备，能够自动记录、处理、显示，如64点10微秒取样记录的设备能够分析数秒内的过程，等等。

通过参加国际学术会议、阅读外文文献等活动，王之江看到了美国20世纪80年代初在兆瓦量级连续波化学激光、准分子激光、自由电子激光器、X射线激光以及大型反射镜、随动跟踪系统等高能激光研究领域取得的进展，考虑到我国在终止"640-3"工程高能激光研究后再无相关探索，迫切需要重新启动中国的高能激光研究以跟上这项研究的国际发展趋势。1981年3月，利用到北京参加全国人民代表大会的机会，王之江专门就激光武器研究向国防科学技术工业委员会张爱萍将军递交了一封信，希望国家每年以美国经费的1%左右支持高能激光探索，张爱萍将军当即批示国防科学技术工业委员会落实此事。1982年6月，国防科学技术工业委员会组织召开军用激光座谈会，商讨了高能激光武器研究的相关事宜。会后，中央决定由国防科学技术工业委员会总体负责激光武器的研究开发。

1983年3月，为促进国内高能激光研究的整体发展，王之江亲自起草"对强激光研究工作的意见"并上报中国科学院。他在上报意见中指出："从美国来看，激光武器是最主要的激光方面的研究开发项目，历年来在有关总经费中占最大的份额。我国情况与美国有很大不同，不必将它放在第一位，但放任自流则也是不正确的"，建议国家尽快组织专家就兆瓦量级连续波化学激光、准分子激光、自由电子激光、X射线激光等高能激光的最新进展进行论证，继而"作出有目的的、协调的、有纵深的工作部署"。在上报意见中，王之江就国内高能激光研究的整体布局提出了自己的建议。

在向国家领导提出建议的同时，王之江作为分管科研的副所长，率先在上海光机所领导部署了强激光的相关研究。1981年4月30日和5月8日，王之江连续两次主持召开上海光机所学术委员会会议，重点讨论研究所的发展方向问题。会议认为，激光武器的探索研究，是上海光机所建所初期的两大方向之一，应该坚持这个方向，继续开展相关探索，提出要侧重于基础研究、多途径探索，化学激光、一氧化碳电激励气动激光、准分子激光、自由电子激光、X射线激光都可以开展，特别强调要加强这些方向的基础研究，其中又特别强调了X射线光谱、X射线光学等相关基础研究。

对于当时激光学术界寄予厚望的X射线激光研究，王之江于1982年5月28日主持召开上海光机所8205次学术委员会会议，专门部署X射线激光研究的开题工作。会议动员全所科研人员充分利用所里的六路高功率钕玻璃激光系统,从X射线激光反转机理、X射线激光元器件、X射线激光测量技术、X射线激光光谱等多方面进行基础性研究。这个研究部署为上海光机所开展X射线激光研究奠定了基础。20世纪80年代末,徐至展、王世绩等人利用上海光机所高功率联合实验室六路钕玻璃激光装置在X射线激光领域取得了一系列原始创新成果,这在一定程度上是这次工作部署的直接结果。

除此之外,王之江还在1981年领导开展了自由电子激光的相关研究,并在1985年成功研制出中国第一台拉曼型自由电子激光器、1986年成功研制出中国第一台康普顿型自由电子激光器,为后来"北京自由电子激光装置"等大型装置的研制开辟了道路。

这一时期,除在上海光机所领导开展强激光研究外,王之江还担任了国家"863-410"强激光主题探索的指导组专家,用自己从事激光武器探索的经验为"863"计划的强激光研究提供了理论与实践等多方面的指导。

"863-410"强激光主题研究主要跟踪美国"星球大战计划"中的激光武器研究。"星球大战计划"源自1983年3月23日时任美国总统罗纳德·里根的一个著名演说，目标是建立一套有效的反导弹系统来保证其战略核力量的生存能力和威慑能力，维持美国对苏联的核优势；同时也想凭借其强大的经济实力，通过太空武器竞争，把苏联的经济拖垮。"星球大战计划"于1985年1月4日由美国政府正式立项，计划的目标是运用天基、地基、舰载的定向能武器在弹道导弹飞行的助推段、末助推段、中段和再入段四层分别拦截，建立一个多层次、多手段的反弹道导弹防御系统。在这个计划中，定向能武器的主要种类包括自由电子激光器、氟化氢化学激光器、X射线激光器、准分子激光器等高能激光器，以及高能粒子束武器等。美国"星球大战计划"出台后，王大珩、王淦昌、杨嘉墀、陈芳允四位科学家联名向中央提交了一份报告，建议要全面跟踪世界高技术的发展，制订中国的高科技发展计划。1986年3月，经邓小平批示，国务院正式批准施行《高技术研究发展计划（"863"计划）纲要》（简称"863"计划）。"863"计划正式施行后，强激光研究被列入该计划的"410"主题。

在担任"863-410"主题指导专家的过程中，由于专家组的绝大多数成员不是激光专家，不了解激光武器的基本原理、发展趋势，也不了解中国早期高能激光探索的经验和教训，跟踪研究难免表现出一定的盲目性。

在这样的背景下，王之江充分利用自己领导"640-3"工程的经验和敏锐的科学判断能力，为"863-410"主题的相关研究指明了正确的研究方向。在回顾这段历史时，他说："在'863'工作中，我当'410'的专家组成员，应该算是起了一些作用。因为当时的专家组人员都不懂激光，他们不知道我们当时'640-3'工作的成功和失败。专家组这些人员，完完全全就是看看国外文献，看美国人是怎么做的，就跟着怎么做，美国人不重视的，他们也不重视，对于技术的发展方向缺乏判断。"

当时专家组参考的一份关键资料是美国物理学会1987年出台的一份报告，名称是《定向能武器的科学与技术》（Report to The American Physical Society of the study group on science and technology of directed energy weapons，简称 APS 报告）。该报告是以诺贝尔物理学奖获得者布鲁姆伯根为首的 10 多位顶尖物理学家专门针对美国的定向能武器研究进行的全面评估，是非常权威的一份报告。为了使"863-410"主题研究减少跟踪研究的盲目性，王之江于1988年1月专门撰写《关于 APS 报告的一些看法》一文，该文结合他领导开展"640-3"工程探索的经验，分析了 APS 报告解密的关于激光武器研究的数据和结论，指出了中国高能激光研究应该重视的环节和问题,对"863-410"主题探索的方向产生了积极影响。那一时期中国在自由电子激光、X射线激光等方面取得的一系列创新成果就是"863-410"主题资助完成的。

实际上,在担任"863-410"主题指导专家期间,王之江是明确反对"863"计划的跟踪方针的,他说:"'863'的方针其实是有很大问题的。'863'的方针叫跟踪,跟踪国外的先进技术,人家走错了路,你也跟踪,那要跟踪到泥潭里面去了。对中国科学院来讲,跟踪不是正确方针,探索才是,中国科学院探索才应该是对的,所以'863'的跟踪方针是有问题的。"

在评价"863-410"主题的成果时,王之江除对X射线激光、射频型自由电子激光等领域获得高亮度激光等少数开创性工作给予肯定外,对多数跟踪研究持批评态度。他在《关于"863-410"的个人总结》中写道:跟踪并不是要我们跟美国人一起去走弯路下陷阱,而是通过自己的工作能够分析美国的得失,作出自己的判断。如激光定向能武器是否可行?其技术路线的主要障碍为何?美国公开报道的消息中哪些真实可靠?哪些不可靠等。由于我们国力与美国相差太远,全面的模仿是完全不可能的,为此,必须确定少数几个重点问题,才有可能作出一点有意义的工作，作出一些重要判断。以此为衡量标准，我认为"410"的工作做得不好。……我希望"863-410"能在过去认识的基础上，在国外公开知识的基础上，作出一些重要的判断。

应该说，王之江对"863-410"主题跟踪研究的评价是客观的，因为到目前为止世界上还没有哪个国家真正研制出激光反导系统，但他的批评态度还是不可避免地招来了专家组一些成员的不满。对此他非常坦然，他说："我这个人，很多时候人家认为是比较武断的。像20世纪70年代我说这些技术路线都做不成武器，当时人家觉得我太武断了，没有一个人能接受，这种事情还比较多，所以在专家组里也说了一些他们不满意的，但那都是为了让'410'真正能作出点成绩，对我满不满意无所谓。"

光刻机研究打破美国技术"禁运"

1978年年底,根据中国科学院上海冶金研究所(简称上海冶金所)集成电路研究对光刻机的迫切需要,王之江在上海光机所领导开展了光刻机的研制工作,并成功打破了美国对相关产品的技术禁运。

光刻机是制造大规模集成电路的核心设备,被誉为半导体制造业皇冠上的明珠,一直以来都是西方国家对中国严格"禁运"的高技术产品。20世纪70年代末,美国、日本大规模使用能在硅片上刻出小于3微米的线条,且不损坏掩模、成品率高的扫描式投影光刻机,但由于技术"禁运",中国买不到这种设备,只能使用刻画线条精度大于4微米,且操作过程易损坏掩模的接触式或半自动接近式的光刻机,严重制约了中国集成电路的发展。1978年年底,在参加上海市人民代表大会的会议期间,王之江遇到了上海冶金所从事集成电路研究的张敏,张敏根据当时光刻机的发展现状,提出让王之江领导研制当时国际上最先进的扫描式投影光刻机。在中国科学院上海分院、上海市科学技术委员会的支持下,王之江于1980年正式开始了扫描式投影光刻机的研制。

为了完成此项任务,王之江从所内抽调了一批光、机、电方面的研究骨干组成了光刻机研制团队,组织领导并亲自参与项目系统设计工作。在王之江领导进行扫描式投影光刻机的研制之时，世界上只有美国Perkin-Elmer公司、日本佳能等两三家公司生产这种类型的光刻机，因技术"禁运"，他们无实物参考，且缺乏光刻机制造的相关技术基础，当时仅有的少量技术资料，都不涉及结构细节和工艺关键技术，制造技术难度非常大。就是在这样的背景下，他们独立设计了样机并开展了关键技术研究，经过5年的不懈努力，成功解决了高精度投影光学系统的设计和加工、高精度扫描驱动架、超高压毛细管汞灯、紫外宽带薄膜和整机调试等一系列关键技术问题，于1985年成功研制出我国第一台1∶1扫描式投影光刻机。

在研制过程中，王之江不仅统领全局，还亲自参与光刻机光学系统的设计等很多工作，领导课题组设计出了由两个同心球面镜组成的环带视场投影系统、三个相互垂直平面镜构成的正像反光镜组、全反射式高质量聚光系统和连续变倍观察瞄准系统四部分构成的扫描式投影光刻机光学系统。

因为无实物作为参考，他们研制的光刻机在结构、技术工艺等很多方面都与国外同类型光刻机有较大不同，体现了他们的独创思想。曾亲身参与该项研究的高瑞昌在回忆时高度肯定了王之江的引领作用,他说:"扫描式投影光刻机的研制,因为镜头很小,视场小,线条还要搞得很细,在3微米以下,结构精度上要求非常高,难度在这。我们在王之江的带领下,就凭着一个产品说明书搞清楚了光刻机的整体结构。而且,我们研制的光刻机是有所创新的,比如照明系统部分等很多方面都跟国外是有区别的,有我们独创的地方,这都是老王的功劳。"

1985年年初,中国科学院半导体研究所王守武课题组在对这台光刻机进行了大量工艺试验后认为,该光刻机的光学成像质量较好,在当时工艺能达到的参数控制水平上,能较稳定地获得3微米的实用分辨率(工艺的极限分辨率可达$1.5 \sim 2$微米),其性能与美国Perkin-Elmer公司110型机相当。

1985年,在获知中国已成功研制出扫描式投影光刻机的消息后,美国Perkin-Elmer公司放开了MicraLign110系列光刻机对中国的出口"禁运"。当时中国科学院半导体研究所正与美商谈判进口MicraLign110系列光刻机,美商根据我国已研制成功扫描式投影光刻机的信息,向美国政府相关部门申请向中国出售相关机型光刻机的许可证。1985年,MicraLign110系列获准向中国出口。王之江领导的扫描式投影光刻机研制填补了我国大规模集成电路专用设备制造技术的一项空白，对打破国外'禁运'起到了重要作用。

利用研制这台扫描式投影光刻机奠定的技术基础，王之江领导的团队又在Ⅱ型1∶1扫描式投影光刻机、OPS-Ⅰ型一步法投影光刻机、1∶1Stepper亚微米光刻机、准分子激光亚微米光刻机等光刻机的研制方面取得了一系列进展。

Ⅱ型1∶1扫描式投影光刻机的研制，是1984年由国务院大规模集成电路办公室下达上海光机所的一项任务，后转入国家"七五"攻关计划，由国家、中国科学院和上海市科学技术委员会共同出资，其目标为研制一台刻线为3微米、硅片尺寸为直径100毫米的1∶1扫描式投影光刻机。他们之前研制的成功打破美国技术"禁运"的那台扫描式投影光刻机光刻线宽3微米、硅片尺寸为直径75毫米。为有所区别，他们将之前已成功研制的光刻机称为Ⅰ型，国务院下达的硅片尺寸为直径100毫米的称为Ⅱ型。Ⅱ型1∶1扫描式投影光刻机于1992年5月研制成功并通过中国科学院组织的成果鉴定。相比Ⅰ型，Ⅱ型1∶1扫描式投影光刻机在结构上有很多创新，比如光学系统，Ⅰ型非对称光学系统的环视场宽度（即扫描狭缝的宽度）太小，只有1毫米，为此，王之江在Ⅱ型光学系统的转像前加了一块同心球差修正镜以校正像差，使环视场宽度从Ⅰ型的1毫米增加到Ⅱ型的8～10毫米，大大缩短了光刻曝光时间，提高了生产效率；又如高精度扫描系统，Ⅰ型采用十字弹簧支撑挠性轴转动结构，Ⅱ型则采用气浮导轨直线结构；再如照明系统，Ⅰ型采用千瓦弧形毛细管汞灯作为光源，Ⅱ型采用千瓦球形汞灯作为光源，光源成本大大降低，且有更好的通用性。这些创新，为Ⅱ型1∶1扫描式投影光刻机的成功运转奠定了基础。

OPS-Ⅰ型一步法投影光刻机是王之江团队为满足一些小型半导体实验室的需要而研制的一款无须扫描的简易投影光刻机，刻线为4微米，硅片尺寸为直径50毫米。该机投影系统采用国际上独一无二的一步法投影的1∶1折反系统，光学系统采用大口径校轴外像差的非球面校正镜，照明系统采用恒流等待恒光强点灯，既有接触式光刻机的简洁特点，又有投影光刻机不损坏掩膜的特点。该机于1984年4月在上海市科学技术委员会的支持下开始研制，1987年10月通过中国科学院组织的成果鉴定，并投入了小批量生产。

亚微米光刻机是王之江根据光刻机国际发展趋势而

开展的一项研究。20世纪80年代初，国外的先进分步投影光刻机已通过采用大数值孔径、小视场等技术手段将光刻线宽推进到亚微米，为能将中国的光刻机光刻线宽推进到亚微米量级，王之江于1984年6月开始带领团队研制1∶1 Stepper亚微米光刻镜头。1987年10月，他们成功研制出数值孔径为0.4、光刻线宽为0.8微米、视场为10毫米×10毫米～7毫米×21毫米的亚微米光刻镜头，并通过中国科学院的成果鉴定。

此外，王之江还带领团队开展了准分子激光光刻镜头的研制。他指导学生完成308纳米XeCl准分子激光光刻镜头的研制，获得数值孔径为0.35、光刻线宽为0.7微米、视场为10毫米×10毫米的实验结果；带领团队研制出了248纳米KrF准分子激光光刻镜头，获得数值孔径为0.4、光刻线宽为0.5微米、视场为10毫米×10毫米的实验结果；其研究团队于1995年11月实现了远紫外255纳米铜蒸气倍频激光亚微米激光光刻的相关实验。

上海光机所光刻机研制团队十余年所取得的成绩，倾注了王之江的大量精力和智慧，为我国半导体装备的发展、进步和打破国外对我国"禁运"壁垒作出了贡献，但十分遗憾的是，这些光刻机并未实现产业化，未能从根本上扭转我国光刻机的落后局面。对此，2002年，王之江在向上级部门提交的"尽快开展极紫外光刻技术研究"的建议中进行了深入分析。王之江指出，我国曾经组织过多种光刻机机型的攻关研究，但在产业化方面几乎无一成功的原因，除投资力度小、国内光学精密机械制造业的整体水平相对落后外，最重要的原因是研究目标缺乏超前性和预见性。由于缺乏超前性和预见性，我国开展的光刻机攻关目标都与当时国外已经商品化的机型相同，此时国外已经可以批量生产，而我国要经过约5年时间的努力才能研究成功，由于光刻机升级换代的速度相当快，我国花费多年研制成功的光刻机已在淘汰产品之列，或至少已错过了需求高峰期，不再是主流产品，而且此时国外同类光刻机的售价大幅度下降，我国花费大量人力物力研制出的光刻机毫无市场竞争力，这就使我国的光刻机研究一直处于极为不利的境地。

对于2002年我国刚启动的193纳米ArF准分子激光光刻机研制项目，王之江直言该研究"就是重走以前不成功的老路"，因为国外三大著名光刻机制造商——荷兰的ASML公司、日本的Nikon公司和Canon公司很早就开始研发分辨率为100纳米的193纳米ArF准分子激光分步扫描式投影光刻机,并已可上市销售。根据当时美国Sandia国家实验室、荷兰ASML公司已经大力开展极紫外(EUVL)光刻研究的国际情势,王之江向上级有关方面建议:"为了能够在未来的光刻设备市场上具有一定的竞争力,我国应尽快更改光刻重大专项方向,开展EUVL技术研究。"

同时,王之江还根据国内的光刻技术基础,指出了我国在极紫外光刻方向重点攻关的技术方向:① EUVL光源研究。我国在激光等离子物理研究方面具有坚实的基础,通过进一步的工程化研究可以获得EUVL所需要的光源。②全反射式离轴非球面缩倍投影光刻物镜研究。与目前的光学光刻不同,对极紫外光已无透射材料,因为在该波段所有材料的折射率都接近1,必须采用反射式光学系统。③高精度离轴非球面反射镜加工、检测技术研究。EUVL光学系统中的反射面要求具有接近理想的面形和亚纳米量级的表面粗糙度。④极紫外多层高反射率光学薄膜制备技术研究。EUVL的反射式光学系统的反射面必须在镀制了高反射率光学薄膜后才能正常工作,反射率越高,则生产效率越高。

应该说,王之江2002年向上级部门提交"尽快开展极紫外光刻技术研究"的建议是及时的,可惜的是我国光刻机研究还是未能跟上国际发展的步伐,导致今天高端光刻机仍然被荷兰 ASML 等公司对我国实行严格的技术"禁运",其中原因值得深思。

领导研制出中国第一台自由电子激光器

20世纪80年代,自由电子激光成为强激光前沿探索的一个热点,为跟上这项研究的国际发展趋势,王之江率先在国内领导开展了自由电子激光研究,并在1985年与中国科学院上海原子核研究所合作研制出我国第一台拉曼型自由电子激光器,在1986年与中国科学技术大学国家同步辐射实验室合作研制出我国第一台康普顿型自由电子激光器,在1993年与中国科学院高能物理研究所等单位合作研制出北京自由电子激光器,为中国自由电子激光的发展奠定了重要基础。

实际上,王之江早在研制我国第一台红宝石激光器时就提出过产生自由电子激光的科学思想。早在1958年,王之江与邓锡铭、王乃弘、顾去吾等年轻学者曾针对光波长只能变长而不能变短的应用光学问题进行过深入探讨。通过对英国军方研制雷达过程的深入研究,王之江掌握了微波发射器——磁控管的工作原理,理解了微波是自由电子在磁控管的周期性磁场中运动而产生的。基于微波的产生机制,王之江提出,低能自由电子在周期性的介质或光栅等慢波结构中运动可以实现电子相位和光栅相位的匹配,从而产生光放大,实现自由电子振荡辐射,即产生自由电子激光。1963年,《中国科学院光学精密机械研究所集刊第一集》收录了王之江的相关论文。

国际上第一台自由电子激光器装置是美国斯坦福大学Madey小组研制的,他们于1976年研制出了世界上第一台自由电子激光器,获得了10微米波长的自由电子激光输出。因自由电子激光具有从毫米波到真空紫外区连续可调谐的特点,并有可能实现激光的高功率和高效率输出,具有成为激光武器的可能性,其一经诞生就引起了许多国家的关注,美国很快将其列入激光武器的研究项目之中。

1981年,在获悉美国已研制出自由电子激光的信息后,王之江领导团队迅速开展这项研究。因自由电子激光器装置的核心部件——电子加速器、扭摆磁场等基础设施的建造非专门从事激光研究的上海光机所的研究专长,为此,他们从中国工程物理研究院购买了一台0.5兆伏的强流脉冲电子加速器,联合中国科学院上海原子核研究所(2003年更名为中国科学院上海应用物理研究所)加速器研究团队建成了中国第一台拉曼自由电子激光装置,并成功实现了激光输出。在研制这台装置的过程中,因无装置可供借鉴、参考,为慎重起见,他们首先参照美国海军实验室的拉曼自由电子激光器作了"考试"计算,在确定计算方法正确的基础上,再提出总体设计方案,继而对器件的关键组成部件(二极管、波荡器、引导磁场、辐射接收系统、同步控制系统、电子束测试系统)进行了分体设计计算。经艰苦探索,他们于1985年9月研制出我国第一台拉曼自由电子激光器,获得8毫米波段的自由电子激光输出。该器件的激光输出功率约为1兆瓦,电子转换成激光的效率为1.4%,接近美国海军实验室1983年的水平(2.5%),超过了法国Ecole大学1984年的水平(0.1%)。

这台自由电子激光器的成功研制,当时在国内外引起了很大反响。在装置建成后,国防科学技术大学、浙江大学、成都电子科技大学、上海交通大学、复旦大学等国内重点高校、中国工程物理研究院九院、国防科学技术工业委员会及国内其他军工单位,以及香港大学等单位的科研人员纷纷来访,讨论技术细节或索取论文以求跟踪开展这项研究。由于这台自由电子激光器所使用的强流脉冲加速器电压只有0.5兆伏,装置建造花费较低,很适合中小国家的国情,被一些中小国家认为是开展自由电子激光器基础研究的一个典范,因此也有很多中小国家纷纷来函讨要技术资料。该工作也同样受到美国、法国等发达国家自由电子激光器专家的关注,美国洛斯·阿拉莫斯实验室曾将他们关于这台拉曼自由电子激光器的研究论文译成英文作为DE报告发表。不仅如此，一些自由电子激光专家，如美国伯克利研究中心的科尔森（W.B.Colson）还专程到上海光机所自由电子激光实验室参观访问，详细了解装置的具体细节及开展研究的情况。科尔森是世界闻名的自由电子激光专家，在自由电子激光理论和实验方面都取得了令人瞩目的成果，曾获1989年度自由电子激光器奖。1986年5月，在科尔森来访期间，王之江邀请他开展了为期一周的讲学活动，对自由电子激光的经典理论、量子理论、实验及物理问题作了详细、系统、全面的讲解，中国科学院高能物理研究所、中国科学院电子研究所、中国科学技术大学、浙江大学、中国工程物理研究院等12个单位40名研究人员参与学术活动，有力推进了国内自由电子激光的相关研究。

在开展拉曼型自由电子激光器研制的同时，王之江还与中国科学技术大学合作开展了康普顿型自由电子激光器的实验探索。1983年4月，他领导的团队与中国科学技术大学合作，开始在国家同步辐射实验室利用30兆电子伏直线加速器进行康普顿型自由电子激光实验研究，1986年11月，他们首次观测到了高能电子束在磁摆动器作用下产生的10微米自发辐射。

王之江领导开展的这些开创性工作，对国内自由电子激光研究的全面开展和长远发展规划的制订产生了积极影响。1986年3月，为跟踪美国"星球大战计划"、欧洲"尤里卡计划"等国外先进技术规划，自由电子激光研究被列入"863"计划之中。1987年4月，在"863"计划的支持下，中国科学院高能物理研究所、上海光机所、原子能研究院、上海原子核研究所联合开展北京自由电子激光装置的研制。1993年，北京自由电子激光装置首次获得10微米自由电子激光振荡辐射，1994年年初达到饱和输出，成为亚洲地区首个实现饱和受激振荡输出的自由电子激光装置。

在北京自由电子激光装置的研制过程中，王之江领导的团队完成了"10微米自由电子激光诊断""10微米自由电子激光器光学腔研究"和"光学速调管"三个课题的研究。其中，他们在"光学速调管"上的理论与实验探索成果获得了国际学术界的广泛关注。光学速调管是自由电子激光器的一种新型结构形式，该结构可以使相对论电子束更好地聚束，从而克服自由电子激光由于摆动磁场（简称Wiggler）长度增加出现的增益饱和现象，能够显著提高自由电子激光的增益。王之江团队结合北京自由电子激光器的总体参数设计出的光学速调管，成功将装置的电子束能散度从0.5%提高到0.2%，器件增益提高了一倍多，解决了当时北京自由电子激光器增益低的难题，为国家高技术自由电子激光器任务提供一条新的结构形式和技术路线，具有较强的实际应用价值，也为我国短波长（可见光到 X 射线）激光的研究提供了有益的技术积累。不仅如此，他们在光学速调管研究方面还取得了一个新发现：光学速调管在非线性工作区不仅可以提高自由电子激光的增益，还可以提高自由电子激光的效率。对于这个发现，美国著名自由电子激光器专家、美国海军实验室 C.M.Tang 评价说："你们的光学速调管工作深入到增益的非线性区，研究是高水平的，是有创造性的"。美国伯克利研究中心的科尔森评价说："以往文章只认为光学速调管结构可以改善自由电子激光器增益，但没有谈到光学速调管可以提高自由电子激光器效率，你们取得了很大进展，希望继续深入研究下去。"马里兰大学等离子体实验室主任格拉文施泰因（V.L.Granatstein）认为他们在光学速调管研究中的新发现非常具有实际应用价值，并邀请他们去马里兰大学进行合作研究。

应该说，王之江领导的自由电子激光研究在中国属于开创性的，但他在回顾这段历史时坦言这项研究并不是一个成功的创新案例。谈及这项研究没有取得成功的原因，王之江认为，自由电子激光装置本身存在的缺陷是其不能作为激光武器的根本原因。他这样分析："自由电子激光研究是属于不成功的创新。为什么说不成功呢？当初用自由电子产生激光，是想避免固体或者气体激光器装置因产生激光而发生的积累热效应，这个积累热效应到现在为止也还没有能够真正得到克服。自由电子激光诞生后，人们觉得它是可以克服积累热效应的，是一个好方向。但是这个方向，我开始做这个工作时就做过一个估计，觉得它实际上是有相当的问题的。问题在于，做一般基础研究，自由电子激光是可以的，但要它做武器，其实一开始就有很大问题，因为自由电子激光受电子束亮度的限制，电子束达不到高亮度，自由电子激光也达不到高亮度，就做不成武器。现在，国际上建成的自由电子激光都没有达到高亮度，所以我觉得我当时的估计是对的。"

尽管如此，王之江还是指出了自由电子激光研究的积极意义，他说："现在来看，自由电子激光真正有价值的地方其实不是在武器的用途上，而是在基础研究的应用上。做武器这种方向可能就是美国人还在做，美国有两个加速器还在做，其他国家一般都已经转换方向了。转换方向去做什么呢？一个主要是做普通激光器做不到的波长，原则上，自由电子激光什么波长都能做，只要你的加速器能够达到足够的水平就行了，所以就往 X 波段做，做高能电子束的 X 射线激光器；另外一个，应该是很容易做的，就是做红外激光。这两个方向都是为基础科学研究服务的。"

正如王之江所言，目前自由电子激光在基础研究领域的应用仍然是国际前沿科学探索的热点之一。正是这个原因，著名物理学家杨振宁自 20 世纪 90 年代起一直向国家有关方面建议要大力开展这项研究。

依靠国家的大力支持，中国的自由电子激光研究在近年来也取得了一系列可贵的进展，主要包括中国科学技术大学国家同步辐射实验室目前正在开展用于能源化学相关的气固、液固表界面化学、团簇结构及其分子反应动力学研究的国家重大科研仪器设备研制专项"基于可调谐红外激光的能源化学研究大型实验装置"建设，装置的后续建设目标是建成覆盖中红外到远红外波长范围的可调谐红外光源；中国工程物理研究院 2005 年实现了能量为 30 兆电子伏、远红外 / 太赫兹 FRL（FIR-FEL）的实验出光，2017 年建成了我国唯一的基于超导加速器的高平均功率太赫兹（THz）自由电子激光装置（CTFEL）；中国科学院上海应用物理研究所 2009 年建成了我国首个高增益自由电子激光综合研究平台——上海深紫外自由电子激光装置（SDUV-FEL），2014年与北京大学合作开展软X射线自由电子激光项目，建成了波长为8.8纳米、光子能量为0.14千电子伏的自由电子激光装置，2020年1月实现了全相干自由电子激光输出；中国科学院大连化学物理研究所2016年建成了用于分子动力学等前沿研究的"基于可调极紫外相干光源的综合实验研究装置"；上海光机所强场激光物理国家重点实验室2021年完成了台式化自由电子激光原理的实验验证；等等。与此同时，国家还在积极推进新的自由电子激光装置建设规划，例如，中国工程物理研究院正在开展长波长的西部光源项目论证，大连化学物理研究所拟建设基于超导加速器的连续EUVFEL装置，上海科技大学和中国科学院上海高等研究院正在建造我国首台能量为8吉电子伏的高品质电子束连续波超导直线加速器，以及辐射波长能量为0.4～25千电子伏、X射线脉冲最高重复频率可达1兆赫兹的硬X射线自由电子激光装置。我国在自由电子激光领域能够取得这些可贵进展，某种程度上离不开王之江最初的开创性工作所打下的重要基础。

攻关激光分离铀同位素
"七五"重点课题

激光分离铀同位素，是利用激光将铀235（核电站等核能开发应用的主要物质）从天然铀（主要成分是铀238）中分离出来的一项先进技术，其基本原理是：根据铀235与铀238原子谱线的微小差异，利用特定波长的激光照射铀蒸气使铀同位素中的铀235电离，并通过电场或磁场将其从天然铀中分离出来。相比传统的扩散法、离心法等铀同位素分离方法，激光法分离铀同位素具有分离系数高、成本低等显著优点，对核能的开发利用具有重大意义。为跟上这项技术应用的国际发展趋势，王之江自20世纪80年代初领导开展这些研究，于90年代初领导研制出一套激光分离铀同位素设备并成功运转，使我国成为国际上少数几个掌握该技术的国家之一。

国际上激光分离同位素研究始于20世纪70年代。1970年，美国科学家迈耶（S. W. Mayer）等利用氟化氢气体进行激光分离氢同位素实验并获得成功，其后不久，科学家们就开始探索利用激光分离铀235的可能性。1974年6月，美国科学家图奇（Tuccio）等人在第八届国际量子电子学会议上宣布原子法激光分离铀同位素原理性实验获得成功，由此揭开了激光分离铀同位素应用探索的序幕。

受国外激光分离同位素研究的影响，国内一些研究机构于20世纪70年代中期开始跟踪该项研究。1976年，中国科学院电子研究所、中国科学技术大学、四川大学等机构率先在硫、硼、氟等元素的激光分离同位素研究方面取得了一些重要进展。1981年11月，为推进激光分离铀同位素研究，中国科学院专门在大连召开学术会议，在全院范围内布置激光分离铀同位素的联合攻关。1982年6月17日，为配合中国科学院的激光分离铀同位素攻关研究，王之江主持上海光机所第8206次学术委员会会议，与会人员认为，上海光机所作为国内最早建立的专业激光研究所，参加攻关是责无旁贷的责任，并开始布局激光分离铀同位素的相关研究。会上，研究人员全面分析了当时国际上激光分离铀同位素的两种方法——原子法和分子法的发展状况，并重点对美国劳伦斯·利弗莫尔国家实验室的原子法激光分离铀同位素研究进行了讨论，认为原子法发展相对成熟，因相关技术细节处于严格保密状态，他们决定先就原子法分离进行一些基础性探索，为激光分离铀同位素研究作出先验性的技术判断。

1984年，王之江团队将光谱光源研究领域的空心阴极放电（HCD）技术应用于铀原子光致电离研究，创造性地应用自制脉冲铀空心阴极放电管作为金属铀原子蒸气源，并且用空心阴极放电管本身作为探测光电离信号的元件，于1984年12月27日首次实现了铀原子的共振三步光电离。他们的实验结果表明，应用脉冲空心阴极放电来研究铀原子的光电离过程的实验技术不仅对原子法激光分离铀同位素研究具有很大的意义，还有很大的发展潜力。利用这一技术，他们在实验中发现了一系列国外保密的铀原子光谱数据，对其后中国激光分离铀同位素分离路线的选择提供了重要参考。这些实验进展，为原子法激光分离铀同位素研究成为"七五"计划的重点攻关课题，也为上海光机所参加该课题攻关打下了坚实基础。1986年，上海光机所的"铀原子自电离态研究"成为国家"七五"计划攻关项目"激光法分离铀同位素技术研究"的一个专题。1990年，"激光法分离铀同位素技术研究"项目结题时，上海光机所研究队伍采用原子束与空心阴极灯两种技术，测定了铀原子的自电离谱和雷得堡能级，获得了数千条自电离谱线，其中绝大部分是国际文献上没有的。这些光谱数据极大地丰富了我国科学家对铀光谱的认识，并为建立我国自主的铀光谱数据库奠定了重要基础。

1985年6月5日，美国的激光分离铀同位素技术已基本发展成熟，美国能源部决定将原子法激光分离铀同位素作为未来浓缩铀的生产方法，同时宣布关闭田纳西州橡树岭离心法铀浓缩原型工厂、停止俄亥俄州博茨茅斯离心法工厂的建设。在获悉美国的这个决定后，王之江于1985年6月15日向中国科学院提交了"建议重新审议我国核燃料工作的部署将原子法激光分离铀同位素列为'七五'科技重点项目"的建议。在这篇建议中，王之江阐述了原子法激光分离铀同位素的优越性及其对核能开发利用的重要意义，并就美国在该项研究上采取的最新举措指出中国开展该项研究的紧迫性，建议国家尽快成立一个领导小组，统一组织各部分力量，在经费上给予足够的支持，加速完成实验性的实验工作，迅速过渡到工业生产，力争在20世纪末达到美国20世纪80年代的年分离铀百吨级的水平。

回忆这份建议提出的背景时，王之江说："同位素分离，其实是跟当时中国的科技规划有关。当时的科技规划，按照我的了解，没有把激光分离同位素放在规划之内。因为原来搞同位素分离的人隶属于核工业部，这部分人虽然从文献上看到美国人说用激光可以分离同位素，但是他们当时认为是虚无缥缈的，对于中国来讲完全是做不到的事，所以当时的科研规划中没有这个项目。当时我觉得中国是完全可以做这件事的，于是就写了一份报告给中国科学院，希望把这个事情列入规划。"

王之江的建议很快得到了中国科学院的高度重视。1985年8月26—28日，中国科学院在北京召开激光分离铀同位素院内专家决策论证会，王之江赴会参与论证。同年11月，中国科学院长春应用化学研究所和核工业部天津理化工程研究院宣布成功实现激光分离铀同位素原理性实验。同年12月24—27日，国家计划委员会、国家科学技术委员会、中国科学院、核工业部等单位联合在天津召开激光分离铀同位素学术交流会。通过这一系列活动的开展，激光分离铀同位素研究被成功列为国家"七五"计划的重点攻关项目。

1986年，国家正式向核工业总公司和中国科学院下达国家"七五"科技攻关项目"激光法分离铀同位素技术研究"，上海光机所承担了"原子法分离铀同位素激光系统及光谱测量"专题的研究任务，铀分离的实验探索任务则由核工业部天津理化工程研究院承担。

"原子法分离铀同位素激光系统及光谱测量"是一

项综合性极强的前沿应用研究，涉及铜蒸气激光器研究、染料激光器研究、激光振荡放大系统研究、光束合成与多次反射系统等激光与光学系统的研制，以及铀光谱的测量等7个子课题。因该研究与核电站、原子弹等核能的开发利用密切相关，美国、法国、日本等少数掌握该技术的国家均对该项研究的技术细节严格保密，研究任务难度极大。为完成任务，王之江从研究所的6个研究室中抽调了70多名科研人员，分成7个研究团队，分专题开展攻关研究。

在7个专题中，"光束合成和光束反射系统"是实现铀同位素分离的场所，需要将4种波长接近的染料激光合成一束，共光路传输到铀炉内的多次反射系统中，激发其中的铀235原子电离，从而将铀235从天然铀中分离出来。因此，该装置是激光分离铀同位素总体装置的核心，其质量直接决定攻关任务的成败。该装置包括光束合成、光束传输、光束反射三个系统，合成系统要求激光合束时损耗小、光束混合度好；传输系统要求光束传输效率要高；反射系统要求光束在腔内反射次数多，且扫描光束有一定量的重叠，强度分布要均匀。当时，世界上进行原子法激光同位素分离的国家有美国、法国、英国、日本、苏联等国家，但如何进行合束，只见到概念性的报道，无任何具体资料。对于铀炉中使用的多次反射系统，未查到任何有关资料，对这方面的技术处于封锁的状态。在这样的背景下，王之江亲自担任该专题负责人，经过艰苦探索，领导团队研制出了由小角度全反射棱镜光束合成系统、小角度转向和像传递方式传输的传输系统和折叠式多次反射系统组成的"光束合成和光束反射系统"。后来的大量实验表明，该系统合成和传输效率高，光束在铀炉中反射次数多，且光强分布均匀，可使光能量得到充分利用，能够高效实现铀同位素的分离。

1989年5月，铜蒸气激光器、染料激光器、激光振荡放大系统、光束合成与多次反射系统4个装置单元均研制成功，王之江带领团队进入最后的总体装置安装阶段。1990年1月，整个激光与光学系统连接成功，并试行运转。与此同时，他们还于1989年11月为核工业部天津理化工程研究院安装了一套激光与光学系统，供其开展激光分离铀同位素的实验探索。

1990年4月，上海光机所承担的"原子法激光分离铀同位素技术——激光与光学系统总体装置"通过国家验收。该装置由6台20瓦的铜蒸气激光器、4台染料激光器、铜蒸气激光振荡放大链同步自动控制系统、光束合成和多次反射系统组成，经国家计划委员会组织的专家鉴定，该装置的6台铜蒸气激光器组成的振荡－放大链的总输出功率大于100瓦，超过了60瓦的原计划指标；到成果鉴定时所有铜蒸气激光器单机运行时间已达数百小时，超过了原定单机运行150小时的指标，6台铜蒸气激光器累计运行已达数千小时；染料激光器的总输出功率大于7.5瓦，超过4瓦的原计划指标；光束合成系统与光腔在能量效率及空间分布重叠等主要指标上也全部超过了原计划的要求。

这套激光与光学系统装置规模略高于美国劳伦斯·利弗莫尔国家实验室20世纪70年代末研制的SPP-I，与法国、日本1987年左右的水平相当，达到了国际上同类装置的水平，为下一步应用于原子法激光分离铀同位素的总体装置实验创造了条件。由于这套装置的研制成功，使我国成为国际上掌握这种技术的少数国家之一。

1990年6月，利用这套装置，核工业部天津理化工程研究院完成了激光光学系统和分离系统的联机，并成功进行了激光分离铀同位素的分离实验。联机实验首先实现了以浓缩铀为供料的三光子浓缩信号试验，最高浓缩分离系数超过2000；随后又实现了以天然铀为供料的三色三光子浓缩分离试验，浓缩分离系数达到500，有力地证实了激光分离内在的高分离特性。

在完成"七五"计划的规定任务之外，研究人员还利用这套装置开展了贫化铀的分离实验，探索激光分离铀同位素的应用潜力。贫化铀的分离实验结果显示，以贫化铀（0.3%）作为供料进行浓缩分离试验，获得浓缩分离系数超过500，而且还有进一步提高的可能性，表明激光分离铀同位素技术可应用于我国积存的大量贫化铀的再利用，这不仅为激光分离铀同位素技术的实际应用提供了一种新的途径，同时也能促进我国原子能事业的全面发展。

"原子法激光分离铀同位素技术——激光与光学系统总体装置"结题后，上海光机所不再承担激光分离铀同位素的探索任务，但王之江仍然十分关注该项研究在国内的发展。1991年11月6日，王之江再次向国家有关方面提交了关于《对我国原子法激光分离铀同位素工作现状的评估和近期工作安排的意见》的报告。在这篇报告中，王之江首先肯定了核工业部天津理化工程研究院1991年在原子法激光分离铀同位素研究方面取得的实验进展，指出天津理化工程研究院在完成'七五'攻关任务之后成功实现了原子法激光分离铀同位素的宏观量收集实验，标志着我国的激光分离铀同位素研究已获得了阶段性的突破；同时，他又指出，该研究在分离器、铀光谱、光束合成与多次反射系统、激光光学系统、总体实验5个方面尚存在诸多需要改进的地方，建议能在国家"八五"计划中设立相应专题进行针对性的探索。他在报告中强调，激光分离铀同位素是涉及多种学科的高技术项目，是一项系统工程，从"七五"攻关成功到最终建成有规模的产业，在我国至少还要经历十年以上的艰苦探索，因此，他建议还要继续加强这项工作的基础理论和基本技术研究，将工作部署着眼于使每一个技术环节都是建立在可靠的科学分析基础上，切不可为了达到短期的指标而放松了基本的测量与必要的理论分析。

王之江领导开展的激光分离铀同位素研究，为我国该项研究后来的发展奠定了坚实的基础。

坚持基础研究，反对研究所产业化

1984年，王之江被任命担任上海光机所所长，1988年获得连任至1992年。在任所长期间，面对国家科技体制改革的新形势，王之江坚持激光基础研究方向不动摇，为上海光机所的长远发展打下了坚实基础。

1985年，在王之江任上海光机所所长的第二年，中共中央发布《关于科学技术体制改革的决定》，提出"经济建设必须依靠科学技术，科学技术工作必须面向经济建设"的战略方针。1987年1月，为适应科技体制改革的形势，中国科学院提出"把主要力量动员和组织到国民经济建设的主战场，同时保持一支精干力量从事基础研究和高技术跟踪"的办院方针，该方针后被称为"一院两制"。同年1月，中国科学院出台《中国科学院光学研究所改革方案》，提出将中国科学院院属的6个光学研究所改为公司（仍保留原研究所建制），改成从市场出发、以组织商品生产为目的、实行技工贸相结合的科研生产经营体，同时仍保留一支能够承担"863"任务和进行一些开拓性、高风险技术研究的精干队伍。根据这一改革精神和所长责任制等制度要求，中国科学院给王之江设定的任期目标之一是：要及早形成所办产品开发公司，公司应建立精干机构，管理各类生产体；开发的主要目的是形成激光、光电子产业，从市场需要出发，完善激光产业的配套单元产品，建立较完整的有相当效益的单元生产体。

在这样的背景下，研究所的发展方向是以产业方向为主，还是以激光科学的基础研究为主？这成了王之江作为所长首先要解决的问题。

当时，随着科技体制改革的进行，中国科学院对上海光机所的经费拨款连年减少，已严重影响了研究所的正常运转。为此，王之江一方面组织科研人员利用上海光机所在高功率激光、激光分离铀同位素、强激光等研究领域的优势申请国家科技重大专项项目、国家自然科学基金以及上海市科技发展基金等资金支持，维持研究所的运转；另一方面，他根据《中国科学院光学研究所改革方案》的精神组织激光产品的开发工作。在他的组织下，上海光机所于1988年5月成立上海大恒光学精密机械有限公司，并先后创办5个联营厂进行激光器件和元器件的生产。

王之江深知基础研究对于研究所发展的重要意义，对中国科学院的产品开发政策持明确的反对态度。在回顾这段历史时，他说："关于这个所里面的技术开发，其实我是非常反对的。所里面开始办企业的时候，我也努力过一次。但是这个中间有个问题，科研工作做得好的人搞产业并不见得也是有长处的，产业搞得好的人可能一点专业知识也没有。我曾经在一家激光企业当过顾问，那个老板根本不懂什么是激光，但企业做得很好。这证明，搞企业跟技术研究是两回事。我有自知之明，知道自己是搞不了企业的，所里在办企业的时候，我当时是主管这件事的，我就没能管好这些企业，让他们赚钱、发展，我不能做到。"

王之江认为，中国科学院的优势在于科学研究，就应该重视基础研究，而不是从事产业生产。基于这种认识，他在任所长期间始终把基础研究放在研究所的首要地位，并在多种场合强调基础研究的重要性。

1986年1月16日，在上海光机所全所党员大会上，王之江指出，科技改革要求科研面向经济建设并不是不要基础研究，要有一定比例。他在会上向参会人员解释说，根据当时上海光机所开展的开发项目看，能开发产品的项目都是从基础研究开始的；而且从上海光机所的发展历史看，中国激光科学的诞生也是产生于基础研究之中，因为20世纪60年代之前是没有激光这门学科的，假如那时不开展激光的基础研究，就不可能有中国激光科学的诞生和上海光机所的建立；基于以上事实，他指出基础研究对所的长远发展起决定性作用，需要引起全所所有职工的足够重视。对于如何在当时经济体制改革的背景下进行基础研究，王之江指出，任何学科开始都是微不足道的，容易被人们忽视，上海光机所以前曾有过这方面的教训，所以要求全所科技人员充分重视基础研究，密切注视世界科技发展趋势，所里将每年拿出科研经费的10%～20%用于基础研究，以此促进上海光机所的长远发展。

1987年3月18日，在宣布上海光机所改革方案的全所职工大会上，王之江再次强调说："目前，我所的开发项目都是由基础研究、应用研究的科研成果转化而成的，若不注重基础研究，将来的开发就如无源之水"，继而明确指出："一个研究所应该有自己的发展方向，不能完全由市场左右……过去我们曾经讨论过，只要强激光技术能够得到经费支持就仍应是我所方向。"

1987年9月25日，在上海光机所干部会议上，王之江更是明确提出："这个所的研究部分不能削弱，因为它在全国全世界还占有一定的地位，否则我们就是对国家不负责任。"

与此同时，王之江还积极向上级领导部门建言加强基础研究。1987年1月，他向上级部门提交"优先发展基础研究领域的意见"的建议。1988年12月，他又向上级部门提交了"发展光电子学的基础研究"的建议。

在这个过程中,王之江还于1989年2月18日专门就基础研究问题给时任中国科学院院长周光召写了一封信。在信中,他首先向院长周光召阐明了中国科学院系统不适合从事产品开发与生产工作的观点,指出中国科学院在体制、生产管理、器材渠道专门人员素质等很多方面都无法与大企业相比,产品生产、产品销售也无法与他们相竞争,中国科学院的产业化改革,只能对经济发展起到非常小的促进作用,不应该是中国科学院的长远发展方向,中国科学院还是应该以基础研究和应用基础研究为主要发展方向。基于我国的基础研究工作一直是主要由中国科学院一些骨干研究所和重点高等院校完成的事实情况,王之江提出中国科学院应该对一些重点骨干研究所加大经费支持,而不是削减基础研究经费,建议将对研究所削减的用于产品开发的事业经费返还研究所,以支持基础研究和应用基础研究,使基础研究工作不至于倒退。

关于中国科学院所属研究所的发展方向到底是以产品生产为主、还是以基础研究为主,王之江在1992年发表的《略谈我院技术科学领域研究所的发展问题》一文中明确指出:"社会分工是社会进步的标志,中国科学院的研究所要是一竿子到底，从基础研究一直做到产品生产，一方面财力不容许，另一方面则一定走向低水平低效率。一般而言，一个机构不可能有这样全面的专长。至于形成规模经济更是工业部门的职责，不是中国科学院可能实现的目标"，并强调："研究所应对产业的形成起重大作用，但不能一竿子插到底，自成体系地形成产业，技术科学研究所的工作应以应用研究为主，以迎头赶上世界前沿的高技术研究为奋斗目标，最终目的是开拓新的研究领域，为未来的产业建立基础，或为工业部门的产品开发奠定技术基础。"

基于以上认识，王之江明确反对"一院两制"的办院方针。由于王之江的公开反对，当时上海光机所的领导班子很担心会对单位产生不好的影响。时任所办公室主任何绍康在接受访谈时说："王之江到院里去开会，也不理睬院领导，弄得院领导也没有办法。我们都担心了，与院里关系搞得不好要吃亏的，他根本不管这一套，就是坚持他自己的观点。"

今天，再谈到那时的情况，何绍康十分肯定王之江当时的做法。她说："他当所长，我认为最突出的一点，就是他能够摆正所的学科方向，就是一个所到底往哪个方向发展，他坚持研究所一定不能放弃基础研究，这个很重要。那时院里正在搞'一院两制',一方面搞科研,另一方面经营公司搞产业开发。有几个研究所,我们嘉定也有,基本上是把科研放弃了,都去成立公司,成立好多好多公司,他们现在的情况是很难受的。我们王所长主张一定要牢牢把住科研方向,要搞基础研究,搞应用研究。产品开发也要搞,但比例要弄好,基础一定不能放。当时搞的强激光、量子光学,还有信息光学,这些基础研究为我们所后来的发展打下了非常重要的基础。我认为这是他当所长时最大的贡献。"

直到今天,何绍康仍十分庆幸当时王之江把握住了所的发展方向,她说:"办公司不是我们所的强项,所以我们所的公司到后来基本上都没有办好。因为我们经营管理的人太缺乏了,搞科研的搞不好市场经济,幸亏老王在这方面的投入不多,所以也没有影响我们所的大局。"

正是基于对基础研究的重视和坚持,在王之江任职期间,上海光机所建成了高功率激光物理联合实验室、量子光学重点实验室和高功率光纤激光技术实验室,研究人员在激光等离子体物理、X射线、量子光学以及激光光谱等前沿基础研究领域取得了一系列重要研究成果。据中国科学技术信息研究所统计,上海光机所1988

年发表的国际论文篇数在全国所有研究机构中居第8位，1989年居全国第7位；发表中文论文篇数，1988年居全国第4位，1989年居全国第3位。国际检索系统统计显示，上海光机所1985—1987年科技论文引用率居全国科研机构第9位。

与此同时，上海光机所还根据国家需要承担了大批前沿应用研究的课题攻关，在国家"七五"计划期间，完成了激光12#装置、激光分离铀同位素激光与光学工程装置两项国家重大攻关任务，承担了一系列国家高技术研究发展计划（"863"计划）项目、国家自然科学基金项目的前沿研究。在这期间，上海光机所共完成中国科学院、上海市鉴定成果118项，其中1990年完成鉴定成果数在中国科学院137个研究单位中居第5位，在中国科学院技术科学单位中居第2位。这些成果的获得，与王之江一直坚持基础研究不动摇的办所方针密不可分。

依法治所，无为而治

在 1984—1992 年任上海光机所所长期间，王之江将他的主要工作职责定位在"把握所的业务发展战略和依法治所做好管理工作"两个方面。"把握所的业务发展方向"是使业务工作符合世界科技发展的潮流，符合国家的科技发展方针；"依法治所做好管理工作"则是将日常事务的矛盾抽象概括为一般性规定，尽量避免个人为具体事务决策。因此，他在那段时间除了要正确主导上海光机所的发展方向外，还花了很大力气去改革并完善所里的管理制度，积极推行依法治所，以求达到无为而治的至高管理境界。

在担任所长之初，王之江从自己的经历出发，认为当时研究所领导个人的决策作用太大，缺乏法治精神，导致科研秩序不理想，工作效率低，不能充分发挥研究所科研人员以及各职能部门人员的积极性，希望通过在任期间的改革，让上海光机所的科研秩序"能有所进步，实现依法治所、无为而治，研究所像机器一样能够自动运行"。因此，王之江在担任所长后首先做的工作就是对当时的管理制度进行改革。1985 年，王之江首先组织人员对过去各种规章制度的条例进行补充、修改和完善，并新制定了《职工分房管理办法》《出国人员注意事项》等规章制度。这套规章制度，共 30 个项目 150

余条具体规则,在经所各级部门充分讨论通过后,以《上海光机所规章制度集》为名出版,并下发到研究所各个机构,力求使研究所所有事务皆有章可循,削弱人为因素在具体事务中的作用,提高办事效率。

这套规章制度的建立,理顺了科研、生产、工作秩序,为所里科研活动的开展创造了良好氛围。比如,《职工分房管理办法》的制定就解决了当时非常棘手的住房分配问题。那时研究所实行福利分房,之前每次分房时都会产生大量矛盾,严重影响了所里的科研工作氛围。为解决这一矛盾,王之江组织人员制定了《职工分房管理办法》,后来职工分房,就按照这个管理办法,根据职工的综合条件进行住房分配。因为有具体的分配指标,一个职工卡在哪个线上,就按那个线上的分给这个人,这样大家都没有意见可提,因此,这个职工分房管理制度沿用了很长时间,直到取消福利分房为止。

正是这个原因,王之江在回顾自己的所长生涯时,坦言那时他做的最有意义的工作就是为所里制定了一套规章制度。他说:"我当所长时所做的工作,唯一的可能就是给所里定了一些制度。因为我还没当所长的时候,觉得作为一个所的领导随随便便去决定一个事情该怎么做,太不合适了,决策应该是按照一定的制度进行的。

所以我当所长的时候，就放权到基层，定一些制度，按制度办事，而不是随所长的意思来办事。"有了这些制度，研究所的所有事务处理都有章可循，减少了人为因素的影响，理顺了工作秩序，为研究人员营造了良好的外部环境。

除了运用规章制度来规范研究所的日常事务外，王之江还组织制定了各级管理部门的岗位职责，实行分层管理，将权力下放到基层单位、扩大基层自主权，以充分发挥所有管理部门的作用。王之江任职时，由于研究所机构庞大，所内存在安于现状、无所作为、遇事推诿、办事拖拉、不负责任的官僚主义现象。为此，他决定通过扩大基层和各级的自主权的方法来消除官僚主义现象。在任所长期间，他领导制定了《机关行政管理部门岗位职责》，明确了各部门的岗位职责，将管理权下放到各个基层部门。由于研究所的细胞是课题组，管理权一直下放到了课题组，研究所制定了课题组负责人负责制的规定，让课题负责人对经费和技术决策负全部责任。

管理权下放后，王之江坚持自己的管理哲学："尽量少管事，分层负责，不越级指挥"。因此，在任职期间，凡是涉及分管副所长的工作范围，他从不干涉。有时职工碰到一个行政上的事去找王之江，他对这个职工说："你不要来找我，你去找某某人"，这个职工回应："你是所长，我找你聊一聊"，他回答说："我们领导分工非常明确，你不要找我，我对你也不了解，你去找某某人。"他这样做，导致有不少人对他有意见，说他不关心职工，他也不为所动，坚持"分层负责，不越级指挥"的管理原则。王之江的管理哲学充分发挥了各级职能部门人员的积极性，使整个研究所的工作更有秩序和效率，时任所办公室主任何绍康就充分肯定了他的这种做法，她说："我认为他的做法是对的，他这样把管理权分给大家，副所长都发挥作用了。"时任副所长的曹珊珊也曾说过："在老王领导下工作很开心，他从来不干涉我的工作"。

虽然大部分管理权都下放了，但涉及研究所的发展方向以及广大职工的利益时，王之江一定会责无旁贷地承担起相应的责任来，所里取消五天半工作制就是一个典型案例。20世纪80年代末，我国的机关单位实行的是五天半工作制，每周六上午工作半天。这对于上海光机所等很多远离上海市区的研究机构来说弊端很大，因为所里有很多职工住在上海市内，每天需要花很长时间从市内坐班车赶到嘉定，在周六那天职工到所里工作没多久就要赶回市内，工作效率非常低。同时，所里还要安排班车接送，办公室里要开空调，食堂要供应餐食，五天半工作制对他们而言经济上也很不划算。于是，很多研究所向中国科学院上海分院反映，希望取消每周六的半天工作。上海分院认为这件事情牵扯面太广，需要中国科学院院部的领导拍板决定，于是大家都在等上面的决定，不敢自作主张。王之江知道后，专门就这件事召开所长办公会议进行讨论。经过讨论，王之江认为五天半工作制确实弊大于利，当即决定取消，这样上海光机所成了上海分院系统中最先实行5天工作制的单位。"事情虽然不大，牵涉到每一个职工，而且要承担责任。他说，取消，不要管，有责任我来承担。我觉得他是很有魄力的"，何绍康回忆此事时说。摆脱了行政上琐碎事务的羁绊，王之江将主要精力放在了指导所里的科研课题上。他经常会早于一些课题的学术带头人发现问题，一旦发现问题会立即把课题负责人找来，向他们提出创新性的建议或者提供很有参考价值的文献，研究人员往往都很受启发。

实行民主决策是王之江实行依法治所、充分发挥群众智慧与力量、避免个人为具体事务决策的又一重要举措。在任所长期间，为使决策科学、民主、有实效，王之江推行"咨询→决策→检查→反馈"的决策模式，即重大事件的决策要经过调查研究、所长办公会议或所务会议决策、所办公室负责督促检查反馈的过程。针对当时的决策过程，王之江认为，"咨询→决策→检查→反馈"的工作秩序是正确的，当时研究所在执行这个工作秩序时的弱点则在于咨询和反馈这两个环节。因此，他重点对咨询和反馈两个环节进行了改进。

为了做好决策的咨询过程，王之江改组并新建了几个专门的评议咨询机构。作为上海光机所的学术评议咨询机构，学术委员会一直存在，但彼时已存在人员老化现象。因此，王之江首先做的是改组学术委员会，于1985年年初增选了一批中青年科研人员，以增强该机构的活力。技术委员会、仪器设备管理小组等咨询机构是为适应当时科技体制改革的需要而建立的，其中，技术委员会作为技术开发工作的评议咨询机构，仪器设备管理小组负责大型设备添置与更新的评议咨询，经费管理小组负责所务会议决策前的评议咨询。这些机构都在研究所的发展过程中发挥了积极作用。

召开所长办公会议或所务会议是实现民主决策的核心环节。为了提高会议的效率，王之江要求每次开会必须做到会前有准备、会议有纪要、会后有检查，即每次会议前必须由一个职能部门下发会议通知，明确会议内容，指定有关人员准备好调查报告或发言材料；会议形成的决议都以"纪要"的形式下发，布置有关部门落实，并有专门人员检查落实情况。

为了保证政策能够落到实处，王之江要求所办公室要对所务会议形成的决议的执行情况进行检查、反馈，执行情况直接反映给主管副所长、所长，从而加强督促、反馈的环节。

在王之江任职期间担任研究所办公室主任的何绍康至今仍对当时召开会议的情形记忆犹新，她说："开所长办公会，王之江是讲究实效的。怎么样是讲究实效呢？准备开会前，他首先给我们办公室说，人家反映上来的几个问题要在所会议上讨论，你们先去跟机关有关处长说一声，先把情况讲一讲。同时，让我们针对几个问题去做一下情况调查，写出调查报告。然后是开会讨论，如果是能够得出结论的，他马上说，这个事，根据大家的意见总结了这么几条，应该怎么去办，办公室要记下来。接着，他让我们写纪要，纪要写了以后，让我们把纪要交给领导们看，让他们签字确认。确认了以后还不行，还要我们去检查，检查以后还用表格反馈给他，哪些是能做成的，哪些是还没有做的，没有做的原因是什么。所以,他不像有些领导开会,开到哪里算哪里,他不是这样,他就是要求能够落到实处,讲究实效。"

实践证明,王之江在所务管理方面的举措——规章制度的建立、职责的明确分工、决策过程的程序化、政策落实求实效等,增强了所内各级部门人员的责任感,激发了全所职工的工作积极性,为研究所的科研与生产活动创造了良好氛围。

老骥伏枥，开拓半导体泵浦光纤激光器研究

20世纪80年代，随着半导体激光泵浦技术和低损耗光纤加工技术的成熟，光纤激光器在90年代末成功实现了数十瓦的激光输出。当时，王之江虽然已退休多年，却一直关注着激光科学的国际发展趋势，在看到国外光纤激光器的最新研究进展后，他认为这种激光器很有希望实现激光的高亮度输出，有望在工业加工、激光武器等方面得到广泛应用。2000年秋，他开始在上海光机所领导开展半导体泵浦光纤激光器的相关探索。

谈及领导开展高功率光纤激光器研究的原因，王之江说："我在20世纪90年代开始就在思考，从梅曼的世界上第一台红宝石激光诞生到现在，能够产生激光的方法可能有上千种，但是真正有用的激光其实只有几种，为什么？实际上，几种有用的激光最主要的特点是转换效率高。在所有激光器中，转换效率最高的是半导体激光，但半导体激光本身也存在本质上的缺陷，就是它的亮度太低，输出功率太小，一般只有几十毫瓦。但是，大家都知道，用激光去泵浦一个物体再产生激光也是一种好办法。也就是说，用半导体激光去让另一个物体来产生激光，可能是一个比较好的技术路线。于是，我做了一些调查研究，看看用半导体激光泵浦固体产生激光能够做到一个什么样的水平，看看该怎么做。这个反映在我2004年发表的一篇文章中，这篇文章实际上是做了很多年调查研究的一个结果。我在这篇文章中下了一个结论，就是半导体泵浦光纤激光可能是最好的一种。现在证明这个结论是正确的，事实上现在半导体泵浦光纤激光已经是占了半壁天下了。"

实际上，从1992年退休时起，王之江就开始了半导体激光器泵浦固体激光器的相关探索，并很快提出了几种半导体泵浦固体激光器的技术方案，其中有三种分别于1993年、1994年、1996年申请了国家专利（"用半导体激光产生强照明的方法和系统"）。其后，他开始了将半导体激光泵浦技术应用于高功率光纤激光器的探索，并于1999年成功申请了"大功率高效包层抽运光纤激光器""大功率二极管抽运固体激光器的光学耦合系统"两项美国专利。这一系列专利的完成，标志着王之江自主体系的研制半导体激光泵浦光纤激光器的技术方案已经成熟。2000年，王之江向上海光机所时任所长徐至展申请了一笔经费，并请徐至展安排一名科研人员主持半导体激光泵浦光纤激光器研究，徐至展亦立即安排了一名科研人员来从事这项工作。由于王之江退休后大部分时间生活在美国，只在每年秋季到上海光机所开展相关研究的指导工作，2001年他回到上海光机所后，发现这名科研人员做了一年，啥也没干，对工作影响很大，因为一年其实可以做很多工作。事实上，2000年是光纤激光器研究在国际上刚刚抬头的时候，一年的延误一下子拉大了他们与国际同行之间的差距。于是，王之江赶紧找到楼祺洪来主持这项研究。不久，楼祺洪、周军开展的半导体激光泵浦光纤激光器研究就取得了一系列突破性进展。

与此同时，王之江还指导他的长子王颖在美国开展了这项研究。1996年，王之江的女儿王征和儿子王颖在美国加利福尼亚州尔湾市成立阿波罗仪器公司（Apollo Instruments, Inc.），主要开展光学、光学设计、光机械设计、激光设备和应用，以及成像采集和处理等相关产品的开发。在王之江的建议下，阿波罗仪器公司也开展了半导体激光泵浦光纤激光器相关产品的研发，生产出了光纤耦合半导体激光器、半导体激光驱动器等一系列高技术产品。他们于2000年研发的高亮度半导体激光器实现了当时世界上最高亮度的激光输出，为实现光纤激光器的高功率输出奠定了关键技术基础。

在半导体激光泵浦光纤激光器研究中，半导体激光器与光纤激光器的耦合系统在整个研究工作中尤为关键。由于用于泵浦光纤激光器的高亮度半导体激光器输出的是非准直光，发散角达40°，很难耦合进入直径很小的光纤，必须将发散的半导体激光整形成准直光才能使其高效率地进入光纤，从而达到泵浦光纤激光的目的。其中，光束整形工作难度很大，为此，王之江参与提出了几种光束整形的技术方法，并将"光耦合系统"（2001年）、"大功率高效包层抽运光纤激光器"（2001年）、"包层抽运光纤激光器"（2002年）这3种技术方案申请了美国专利。这些专利提供的技术方案至今仍然是制造高亮度光纤激光器的少数几种最具国际竞争力的技术路线。

在王之江的指导下，上海光机所研究团队于2003年11月20日成功研制出输出功率为107瓦的高功率掺镱双包层光纤激光器，该成果是当时国内该领域最优异的研究成果之一。该激光器与普通激光器相比，功率消耗低，寿命是其他普通激光器的几十倍，应用前景非常广阔。2009年，上海光机所研制的半导体激光泵浦光纤激光器输出功率达到1774瓦，为当时国内该类激光器输出功率的最高值。

2007年9月26日，为促进中国高功率光纤激光器更快发展，上海光机所发起并承办了"高功率光纤激光器及其应用发展"学术研讨会，王之江亲自担任本次研讨会的执行主席。研讨会上,来自清华大学、国防科技大学、中国工程物理研究院等11个研究机构的学者,以及科技部、自然科学基金委、中国科学院高技术局相关专家,对上海光机所"高功率掺镱双包层光纤激光器"获得千瓦输出成果给予了充分肯定,并提出了很多促进国内该项研究快速发展的建议。

经过近20年的发展,目前高功率光纤激光器以其效率高、散热特性好、光束质量好、结构简单、体积小、重量轻、坚固性好等优点,被广泛应用于工业加工、医疗、遥感、国防、科研等各个领域,成为实用化最高的一种激光器。特别值得一提的是,高功率光纤激光器在战术性激光武器应用方面实现了突破性进展。据报道,进入2010年后,美国海军曾多次使用光纤激光系统击毁过无人机、炮弹、小型舰艇等目标。德国莱茵金属(Rheinmetall)公司于2012年推出了一款输出功率达50千瓦的双管激光系统,并在演示实验中击毁了无人机、炮弹等目标。上海光机所和中国工程物理研究院等单位合作也于2014年成功研制出"低空卫士"高功率光纤激光系统,该系统发射功率近万瓦,在演示实验中成功击落了固定翼、多旋翼、直升机等多种小型航空器30余架次,击落率为100%。在化学激光器、自由电子激光器等传统激光器体积庞大等固有缺点无法克服的背景下,光纤激光器为激光武器应用提供了一条全新的技术路线。

正是基于光纤激光器近年取得的这些进展,王之江认为自己晚年做的最具价值的研究就是光纤激光器研究。所以,在回顾自己晚年的科学活动时,他说:"我后期的科研工作,最有价值的是建议把半导体泵浦固体激光器作为一个主要方向来做。"

回顾自己领导半导体激光泵浦光纤激光器研究的过程,王之江感到十分幸运,因为他开始这项研究时及时获得了上海光机所等方面的资金支持。实际上,当时的光纤激光器研究在国际上尚处于摸索阶段,非热门研究,能够及时获得支持,实属不易。回顾这段历史,他感慨道:"在中国,假如我看到一个课题应该可以做的,但不见得就能够拿到钱来真正去做这个课题。即使能够拿到资助,等到拿到一笔钱来,中间通常要经过很长很长的时间,往往会因此失去最好的发展时机。所以,在我们的科技体制下,一般很难做出创新的工作,这反映出我们的科技体制是有问题的。在这样的科技体制下,研究课题基本上是外国人做过的东西拿过来再来做一下,很难做出来创新的工作。为什么呢?你去申请课题，假如是外国人没有做过的，你申请能通得过吗？多半是通不过的。而且，一个好想法，一旦去申请，别人就知道了，很多人也因此不愿意去申请课题。所以，中国没有多少创新的工作，根本上是中国科技体制的问题。"

关于如何促进科技创新，王之江非常推崇美国贝尔实验室的运行机制，他说："我在20世纪70年代末参观了美国贝尔实验室，了解到他们有个部门是没有课题的，科研人员做什么都行，当然也不是所有的部门都如此。在那里，部门给你一笔钱，你想做什么，就做什么。这么一个制度，让他们真正发挥出了创造性，所以他们能够有许多创新，贝尔实验室大概是美国获得诺贝尔奖最多的一个私人企业。

教导子女有方，乐享天伦之乐

王之江育有子女三人。长女王征，获美国阿拉巴马大学亨特斯维尔分校硕士学位。长子王颖，获中国科学院上海有机化学研究所博士学位，后分别在瑞士日内瓦大学、加州大学洛杉矶分校做博士后。次子王庆，获美国得克萨斯大学博士学位。子女三人均学有所成，除了他们的自身努力，王之江的言传身教产生了重要影响。

在子女读书的那段时间，王之江要么忙于"640-3"工程，要么被批斗、隔离审查，很难有时间指导孩子的学习。但是，王之江本人良好的读书习惯对子女产生了潜移默化的影响，让他们觉得读书很重要。王之江的长子王颖说："我爸这个人是一直在看书的。我们在1964年搬到上海时，我才上一年级。我记得，那个时候只要一出门碰到所里的人都问：你爸是不是又在看书？他那时一直在算东西，一直在看书，没有任何娱乐，也不休息。……他的这些习惯，让我们三个小孩子都觉得读书是很重要的，觉得应该认真学习。"因此，王之江的三个子女学习都非常努力，特别是长女王征，她在农村插队期间，白天下地劳动，晚上就躲在蚊帐里读书。在"文化大革命"时期，晚上躲在蚊帐里看书毫无意外地被看成另类，王征因此被同宿舍的一个女孩举报她晚上看书、不睡觉，以至于王之江夫妇也被批，批判他们鼓励子女读书。

除了潜移默化的影响,王之江也会在关键的节点给孩子们以学习上的指导,引导他们读书。1965年,在王颖刚上小学二年级时,王之江趁到北京出差的机会,给他买了刚刚发行的一套《十万个为什么》。这套书对王颖的成长产生了比较深远的影响,所以到现在他还记忆犹新,他说:"那时'文化大革命'还没开始,当时他买给我一套《十万个为什么》,半夜从北京出差回来,就拿着这套书给我,我印象特别深刻。这套书我到现在还留着"。1977年恢复高考时,为了帮女儿王征和小儿子王庆复习迎接高考,王之江抽出一些时间给他们讲解高等数学等知识。这些指导都对子女的成长产生了积极影响。

在姐弟三人中,王颖是受王之江影响最大的一个。1974年,王颖高中毕业后被分配到了南京梅山焦化厂炼焦车间当工人,具体工作是站在炼焦炉顶当炉顶工,指挥几个大型设备出炉。在了解到王颖的工作后,王之江就给他寄了一些炼焦和相关设备的资料,并告诉他:"你在学校里没学到什么东西,你对这个可能不懂,但是你要啃一啃,得想办法学一学"。这些资料是苏联学者编写的焦炉资料,是油印的,纸都黄了,王颖都感叹王之江是怎么找到的。王颖的中学阶段正值全国大、中、小学都在"停课闹革命",学校的教学活动极不正常,他在学校里并没学到多少知识,在阅读这些材料时感觉非常吃力,不过父亲的督促,还是让他硬着头皮去学习那些材料,通过自己不断琢磨、学习,王颖还真从中学到了不少知识,当时他还根据自己的理解建议车间领导进行技术革新。由于在南京梅山焦化厂表现优秀,王颖1976年被推荐到上海第一医学院上大学。

得知王颖要去读大学,王之江又给他写了一封信,信中王之江告诉王颖要努力学习知识,不要浪费自己的时间。"这封信对我的影响是非常大的",王颖在回忆时说。因为这封信,王颖在进入大学后,把所有时间都花在了学习上,每天晚上都学习到很晚才回宿舍休息,周末也不怎么回家。

在大学期间,王颖学习很努力,但不是死读书,非常注重学习方法,这也是受父亲王之江的影响。回忆父亲在这方面对自己的教导,王颖说:"他对我说,读书要注意学习方法,你不一定要把某个东西学成什么样,懂了就行了。有了方法学东西就会不累,很多人觉得学化学好难,但其实还好,也不需要死记硬背,原理清楚了,其他就很简单了。光学也是一样,你搞清楚了原理，就没有什么难的了。"

大学毕业以后，王颖考上了中国科学院上海有机化学研究所的研究生，博士毕业后又去了瑞士、美国做博士后。王颖本科读的是医药，研究生读的是有机化学，在瑞士日内瓦大学做博士后进行的是青蒿素衍生物的研究，在美国加州大学洛杉矶分校进行化学合成和理论化学研究，其后在一家公司进行特种高分子材料和催化剂研究，在每个阶段都有研究上的突破。学业上能取得这些成就，王颖认为父亲对他的影响是其中一个主要因素。他说："尽管他平时好像不把你当回事，细节上不怎么管你，但他心里是很关心你的。他非常忙，只会在大方向上指导你，怎么读书、怎么学习，给你指点指点，我觉得这个对我来说影响是相当大的。"

1996年，王之江的女儿王征在美国加利福尼亚州尔湾市创建阿波罗仪器公司，主要进行光学仪器的开发和产业化生产。公司创建之初，王颖利用自己多年在公司的工作经验，为姐姐王征创立公司提供了许多技术上的支持。1998年，王颖决定辞去原来的化学研究工作，正式加入姐姐的公司，负责公司的技术开发工作。

决定从自己熟悉的化学领域转行到激光技术开发，王颖坦言是受父亲王之江的影响。他说："我当时的决定,很重要的一个原因,是因为我爸。我想,我爸一辈子做过那么多光学设计,做了那么多研究,但是他的那些东西好像很少能够变成一个产品卖到社会上去,很少被产业化。而且,我看了他的一些设计,我觉得很先进、很高端,但是没有产业化,很可惜。他是没有杂念、一个完全不为名不为利的人,就是搞研究。像他搞光学的人,设计了那么多镜头,自己连一个照相机都没有。……所以,我就想能不能把他的一些想法变成产品。因为我在很多公司里待过,干过很多行业,对产品研发的过程是了解的,对材料的化学性质、物理性质、包括光学的东西都是了解的,我觉得我可以把他的想法变成产品,所以就下决心,从公司辞职出来。所以,我开这个公司,实际上也是想给我爸争点光。"

在姐弟俩开办公司的过程中,王之江利用自己对光学发展趋势的敏锐洞察力和光学专业知识为公司的发展提供很多有价值的建议和技术支持,为公司的快速发展作出了重要贡献。王之江自20世纪90年代初就开始关注半导体激光器研究,并且申请过3项关于半导体激光器泵浦技术的国家专利,他非常看好半导体激光器的发展,所以建议阿波罗仪器公司开展高亮度半导体激光器的研发与生产。在王之江的建议下,阿波罗仪器公司从

1998年开展高亮度半导体激光器、高功率光纤激光器的产品开发。在半导体激光器等高技术产品的研究与开发过程中，王之江在研究方法上的点拨，让王颖从一个化学家变成了一个激光技术专家。

在王之江的指导下，王颖在1999年完成了"大功率二极管抽运固体激光器的光学耦合系统"和"大功率高效包层抽运光纤激光器"两项美国专利成果，2001年和2002年完成了"光耦合系统""大功率高效包层抽运光纤激光器"和"包层抽运光纤激光器"等系列美国专利成果，为高亮度半导体激光器、高功率光纤激光器的技术突破奠定了坚实的理论基础。谈及这些专利，王颖十分肯定父亲王之江的贡献，他说："我爸有很多贡献，所以每一个专利，我都把他的名字写上了。"

2000年，凭借"大功率二极管抽运固体激光器的光学耦合系统"专利和自己长期从事化学研究的优势，王颖成功申请到了几个光学与化学结合的美国政府资助的项目。借助这些项目，他们很快研制出了一款高亮度半导体激光器，并成功生产出产品。接着其公司在半导体激光平台专利的基础上又推出了数款高亮度半导体激光器件产品。由于在技术开发中充分考虑了光学设计、机械设计、热管理和高功率光纤技术等，他们公司的产品得到了业内的好评，在行业内具有非常高的知名度。由于这些半导体激光器非常先进，在先进制造、科学研究等方面有广泛应用，市场需求非常旺盛，阿波罗仪器公司因此荣获美国2003年度光电子领域卓越产品奖。

在王颖研发出高亮度半导体激光产品后，王之江看到了其对光纤激光器研究的价值，认为用其作为高亮度泵浦源能大幅提高光纤激光器的输出功率。当时，国际上最先进的光纤激光器的输出功率尚不足百瓦，王颖公司生产的激光器有广阔的发展前景，王之江建议他抓紧进行光纤激光器的研发。谈及此事，王颖说："我们2000年开始卖高亮度半导体激光器产品，当时刚好是光纤激光器开始抬头，那个时候我爸就建议我们做光纤激光器，说这个东西肯定有未来，现在证明他眼光非常好。"

与此同时，王之江开始在上海光机所布局光纤激光器的相关研究，请楼祺洪牵头开展相关工作。在楼祺洪的主持下，上海光机所的光纤激光器研究很快就取得了突破。上海光机所研究小组利用王颖研发的高亮度半导体激光器作为泵浦源，分别于2003年、2007年实现了光纤激光器100瓦和1000瓦的高功率输出，引领了国内光纤激光器的快速发展。受上海光机所该项研究的影响，清华大学、天津大学、西安光机所、兵器工业部等国内一些单位也开始开展光纤激光器的研究，在国内掀起了研究光纤激光器的热潮。

2013年，凭借在高亮度激光器方面的技术研发优势，王颖应邀作为特聘专家回国工作，致力于将他们具有自主知识产权的阵列半导体耦合技术国产化，面向市场应用研发高功率和高亮度激光产品，以推动国内高功率激光器关键技术的突破。

王之江在学术上是出了名的严谨，会针对一些不成熟的想法提出非常严厉的批评，对待儿子、女儿也是如此。王颖在半导体激光器的研发过程中，有时会就技术问题请教王之江，他绝不会因为王颖不是激光专业出身而放松要求。

虽然在学术方面要求比较严格，但王之江在生活中对孩子是非常随和的，也非常关心孩子的生活。女儿王征在宝山罗店下乡插队时，每到周日王之江都会带着妻子或者儿子骑行近30里路去看望女儿，送点吃的。儿子王颖在南京梅山焦化厂当工人期间，他除了寄学习资料，还专门请一位同事在南京的亲戚帮忙照顾自己的儿子；王颖喜欢摄影，他就趁1979年到美国考察时给儿子买了一台照相机。小儿子王庆1976年高中毕业刚到嘉定造船厂当电焊工人时,他就买了一块手表送给王庆。这块手表虽然在一次事故中被船体上掉落下来的水泥砸中而损坏,却让王庆幸运地避免受到重伤。这些点滴事件,也让孩子们体会到了父亲对他们的关爱。

因此,孩子们也非常照顾王之江,有时间也会经常去看望父母。在美国时,儿子王颖会经常开车带着父母出门走走,王之江虽然不怎么喜欢旅游,但是非常高兴跟着儿子、孙子一起欣赏大自然的风景,和儿子聊聊技术发展,教孙子一些科普知识等。在他们研发的高亮度半导体激光器获工业大奖时,王颖也把父亲王之江请到颁奖现场,让父亲分享成功的喜悦。

退休后的王之江一直保持着读书的习惯,基本上都是在家看书,很少出门,妻子顾美玲则牺牲了自己的诸多个人爱好,全身心地照顾他的日常生活。实际上,自从他们结婚起,顾美玲为了王之江就一直在作出个人牺牲。在婚后的前20多年,王之江多次受到不公正待遇。顾美玲除了在生活、家庭方面消除王之江的后顾之忧,还要找各种关系为他求情。在这期间,她也经常会受到牵连而被批判,但她一直都无怨无悔,给王之江坚定的支持。到了美国,顾美玲依然以王之江为中心,把自己的所有快乐全部让位,全心全意照顾着王之江的生活。

顾美玲非常喜欢旅游，经常和儿女说要跟着他们到世界各地旅游，但是王之江喜欢安静的生活，基本就是在家读书，几乎没有任何其他爱好。王之江退休前经常到国内、国外参加学术活动，但从不参加主办方安排的参观活动，往往在会议的合影照中有他，但会议主办方安排的旅游照片里却看不到他。因此，很多时候顾美玲很想跟着儿子到世界各地旅游，但是她放心不下王之江，她不在家，王之江吃饭怎么办？洗衣服怎么办？生病怎么办？等等。所以，无数次说好跟着儿子、女儿出国旅游，到最后都会因为王之江不愿意出门而放弃。顾美玲喜欢养猫、狗等动物，但王之江容易过敏，她也因此放弃了这个爱好。"文化大革命"时期，在王之江因"特务"嫌疑被隔离审查的8个月时间内，他们家曾养过一只猫，等王之江结束隔离回家后，顾美玲就赶紧把猫送给了别人。所以，为了王之江，顾美玲完全放弃了自己的喜好，全力支持他的工作、照顾他的生活。

这样其乐融融的家庭氛围，加上妻子顾美玲的精心照顾，退休后的王之江过着安静、祥和而又积极向上的生活。一方面，他更多地根据自己的兴趣博览群书，涉猎历史、哲学、宗教等各类书籍。有段时间，他对历史非常感兴趣，阅读了大量人类史的书籍；有段时间又对中华文明断代发生了兴趣,儿子王颖就收集了一些相关文献寄给他,供他阅读。另一方面,他保持着对激光前沿技术发展的敏感性,会及时根据激光技术的最新发展趋势对上海光机所以及王颖公司的发展提些建议,为促进激光技术的发展发挥自己的余热。